乳児期の発達と生活・あそび

長瀬美子

はじめに

本書は、二〇一〇年から『ちいさいなかま』で連載した「乳児期の発達と生活・あそび」を再構成・加筆したものです。保育に悩んだら取りだして読みなおしてくださっていたり、新年度のクラス懇談の際に、保護者にも伝えてくださっているなどのうれしい声も届けていただきました。私自身も、二年間の連載をとおして、改めて乳児期の重要性を感じました。

出版にあたって、内容を再構成しました。

第一章は、「ゼロ歳児の発達と生活・あそび」です。人間としての基礎をつくる重要な時期ですから、生活リズムの確立を軸に、「睡眠」「食事」「排泄」について詳細に述べています。

第二章は、「一歳児の発達と生活・あそび」です。「つもり」が生まれ、自我がめばえる時期ですので、保護者も保育者もその「イヤイヤ」「ダダコネ」に悩まされる時期です。だからこそ、引き続き生活の確立を基盤にしながら、生まれはじめた「つもり」を尊重した保育の大切さを述べました。

第二章は、「二歳児の発達と生活・あそび」です。「乳児保育のまとめ」ともいわれる大切な時期です。「自分でしたい気持ち」と「できること」の間で揺れながら、子どもたちは「一人前意識」をもった三歳児へと育っていくのです。

第四章は、乳児保育における保育者の役割として、子どもの意欲を大切にし、思いを受容すること、保護者との共有・共感をつくりながら保育を進めていくことの大切さについて述べています。

本書をお読みいただいたみなさまが、乳児期の発達のすばらしさを再認識し、「困ったこと」に見える子どもの姿を大切にして保育を行ってくだされば幸いです。出版にあたり、連載中からたくさんのご助力をいただいたちいさいなかま編集部を含め、多くの方にご援助いただきました。この場をお借りして感謝の思いを述べさせていただきます。

本当にありがとうございました。

長瀬　美子

二〇一四年五月

もくじ

島根県出雲市
おおつ保育園ゼロ歳児クラス
テラスで大好きな水あそび
泣いていても、水に触れると気分も一新！

第二章　一歳児の発達と生活・あそび

岩手県盛岡市
わかば保育園一歳児クラス
「みてみて　一人ではくよ」
「どうやるの?」「くつしたはここ!」

大阪府堺市
麦の子保育園二歳児クラス
「今日は何してあそぼうか?」
子どもたちが顔を寄せあって何やらおしゃべり

第四章

乳児保育における保育者の役割

栃木県塩谷郡高根沢町
陽だまり保育園二歳児クラス
お友だちの誕生日に、みんなで作った冠をプレゼント
その子を囲むみんなもうれしくて

第一章

ゼロ歳児の
発達と生活・あそび

第一節 ゼロ歳児とは

「ゼロ歳児」と聞いて、まずどんなイメージを思い浮かべますか？「小さくてかわいい」という印象ですか？　いつも寝ているイメージですか？　ゼロ歳児のイメージは多くの人をしあわせな気持ちにさせてくれます。

ゼロ歳児は、あらゆることにおとなの保護と世話が必要であるため、「何もできない」無力な存在であるように考えられがちです。しかし、ゼロ歳児は、かわいいだけの存在でもなければ、「何もできない」存在でもありません。それどころか、めざましい変化を見せる「刻々と変わりつつある」存在だといえます。実際に接してみればわかりますが、ゼロ歳児というのはいろいろなことが「できるようになる」時期です。乳児保育を経験したことのある保育者は、その一年間の著しい発達をよくご存知でしょう。また、子育て中の保護者の方も、その変化の大きさと、それがもたらす喜びを実感していることと思います。

はじめに、ゼロ歳児という時期の全体像について述べ、次に、発達をさまざまな側面から見ていきたいと思います。

「四つの獲得」――生涯にわたる発達の重要な基礎

ひとことでいえば、ゼロ歳児という時期は、これから始まる長い生涯にとって、もっとも基本となるものを獲得する時期だと言えます。子どもは生まれてから一年数か月の間に、非常に重要な「四つの獲得」をすると言われています。それが「直立二足歩行の獲得」「言語の獲得」「食べることの獲得」「基本的信頼感の獲得」です。

① 直立二足歩行の獲得

第一は、直立二足歩行の獲得です。歩行の獲得は、さまざまな発達の積み重ねのうえに達成されます。三～四か月ぐらいで首がすわり、五か月ぐらいでお座りに向けての準備が始まり、六か月を超えるころには寝返りができるようになります。それから這《は》う、立つ、つたって歩くといった過程を経て歩行に至ります。

ハイハイに始まる移動手段の獲得は、単に「自分で移動できる」ということにとどまらない発達的意義をもっています。それは「自分の望むことをかなえる手段の獲得」ということです。「あのおもちゃが欲しい」と思っても、周囲にサインを出して誰かに取ってもらわなければ願いをかなえることができなかった赤ちゃんが、ハイハイできるようになることで、「あれが欲しい」と思ったら自分でその場に行くことができ、自分の力で願いや要求をかなえていくことができるようになるのです。その喜びは、自信や次への意欲となって、子どものその後の活動の基礎や原動力となります。

②言語の獲得

第二は、言語の獲得です。言語については、はじめてのことばをいつ話すかといった初語に関心が向かいがちですが、大切なのはそれにつながる「ことばのめばえ」の時期です。この時期は、まだことばは話せませんが、声を出したり、喃語《なんご》や身ぶり、指さしなどを使って、自分の状態や要求を周囲（のおとな）に伝えようとします。こうした行為に周囲のおとなが応答的に対応してくれることで、言語の獲得につながるだけでなく、豊かな言語感覚、コミュニケーションの意義や楽しさにもつながっていくのです。

ゼロ歳児の時期は、「一語文」と呼ばれる一つの単語で伝えることを中心とした時期ですが、子どもは、「ワンワン」というたった一つのことばに、「ワンワン来た」「ワンワンかわいい」「ワンワンこわい」などいろいろな思いを込めながら、伝えること、伝わることを学習しているのです。

③食べることの獲得

第三は、食べることの獲得です。食べることは生まれてすぐに始まるので、「獲得」というのは違和感があるかもしれません。ここでいう「食べることの獲得」というのは、咀《そ》嚼《しゃく》して嚥《えん》下《げ》して摂取する、ということができるようになることです。

このこともミルクや母乳といった乳汁栄養から離乳食の段階を経て幼児食へ、という過程を経て獲得されます。毎日、あたりまえのように繰りかえされる食事をとおして、ゼロ歳児は、しっかりかんで食べる、楽しく食べる、自分で道具を使って食べるなど、たくさんの大切なことを獲得していくのです。

④ 基本的信頼感の獲得

第四は、基本的信頼感の獲得です。これは「他者とは信頼できる存在である」ということを知っていくことであり、その後の人間関係の基礎となる非常に重要なものであると考えられます。

この基本的信頼感を獲得していくうえで重要な役割を果たすのが、「特定の信頼できる他者」の存在です。子どもは、六か月ごろにはよく知っている人の顔がわかるようになり、その人に向けて笑うようになります。これを「選択的微笑」といいます。よく知っている人を区別できるようになるということは、「知らない人」がわかるようになるということでもあります。

この時期の子どもは、知らない人がそばに来ると激しく泣きだしたりします。これが七〜八か月ごろから見られる「人見知り」です。急に泣かれるので驚くのですが、よく知っている人＝信頼できる人と知らない人とが見分けられるようになった発達の姿ととらえる必要があります。もちろん、「人見知り」がずっと続くわけではありません。知らない人に対する不安は、よく知っている人＝信頼できる人に支えられることで、少しずつ克服していくことができるのです。

「学習」による獲得——環境・他者の重要性

ここまで、ゼロ歳児における「四つの獲得」について述べてきました。ゼロ歳児という時期は、寝て、泣いて、ミルクを飲んでの繰りかえしのように見えるなかで、生物としての「ヒト」が、社会的存在である「人間」へと「生まれなおす」重要な時期なのです。

しかしこの社会的存在としての誕生は、単に一年数か月という年月が過ぎれば自然に、自動的に起こるというものではありません。四つの獲得はすべて、子ども自身の「学習」をとおして達成されるものです。歩行も言語も食事も他者との関係のあり方も、子どもが生まれてから出あう文化そのものです。異なる国や地域に生まれれば、異なった文化と出あい、それらを獲得していきます。これが「学習」ということです。

この学習による獲得は、子ども個人の生得的な能力とともに、それを可能にする環境があってはじめて達成されるものなのです。つまり、その文化を先に獲得して実際に行っている存在＝おとな（家庭でいえば保護者、保育所・保育園であれば保育士であることが多い）がそばにいて、その人と接しながら、その行動をモデルとして、子どもはそれを模倣しながら獲得していきます。

おとなはそれを見守り、意義づけ、できたことをともに喜び、ときには修正したりしながら、その学習を導いていきます。その意味で、ゼロ歳児の発達は、身近にいる信頼できる他者との関係のなかで獲得されていくものなのです。

たとえば言語でいえば、子どもが発した声や喃語、身ぶり、指さしに対して、それに気づき、要求を読みとり、「○○ね」などと応答的に対応して、要求を満たしてくれる他者がいてはじめて、それは「やりとり」となり、「ことばのめばえ」となって言語の獲得につながっていきます。おとなの気づき、読みとりや理解、応答、要求の実現のどれが欠けても、子どものことばを育む環境にはなりません。

食事についても同様です。発達に合わせた食事を用意してくれて、「カミカミ、ゴックンね」とやって見せて咀嚼と嚥下をうながしてくれて、「おいしいね」と共感してくれる他者がいるからこそ、咀嚼すること、嚥下することを覚え、楽しく食事をすることを経験していくのです。

この役割は、家庭においては、もっとも身近にいて、その子どもの養育を主として担当する者（多くの場合、父親や母親といった保護者）が担いますが、保育所・保育園（以下、保育園）に来ている子どもたちにとっては、保育士をはじめとする保育園の職員が、日中この役割を果たすことになります。ほかの年齢でも当然のことですが、特にゼロ歳児の保育においては、発達の筋道・特性を理解したうえでの適切な環境整備と対応が求められます。

第二節

身体・運動的発達の特性

ゼロ歳児期が身体の発達が著しい時期であることはご存知のとおりです。ただそれは、身長の伸び・体重の増加といった「大きくなる」という体格の面だけではなく、内臓や脳・神経といった身体の働きの発達や運動の発達を含んでいます。

体格の変化――一年間で身長は約一・五倍、体重は約三倍に

現在は医学の発達で出生時の体重が一〇〇〇グラム以下の赤ちゃんも誕生し、成長できるようになりましたが、生まれたての赤ちゃんの平均身長は約五〇センチ、平均体重は約三〇〇〇グラムです。身体全体に占める頭部の割合が大きく、四頭身ほどです。その後、生後六か月で体重は約二倍の六〇〇〇グラムに増加し、一年後には身長が約一・五倍の七〇センチ以上、体重も約三倍の九〇〇〇グラムほどになります。

とはいっても、発育のしかたに大きな個人差があることはいうまでもありません。数値

乳幼児身体発育曲線（パーセンタイル値）

厚生労働省資料より

男子身長

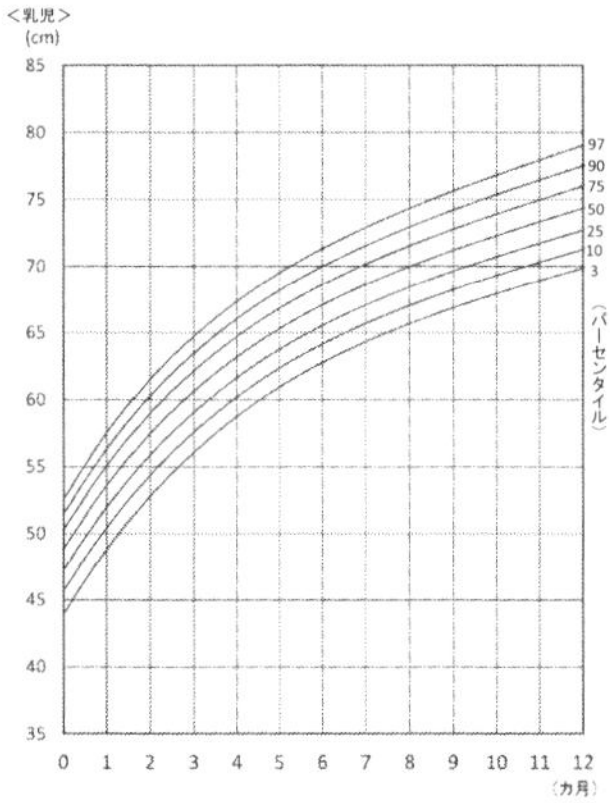

女子身長

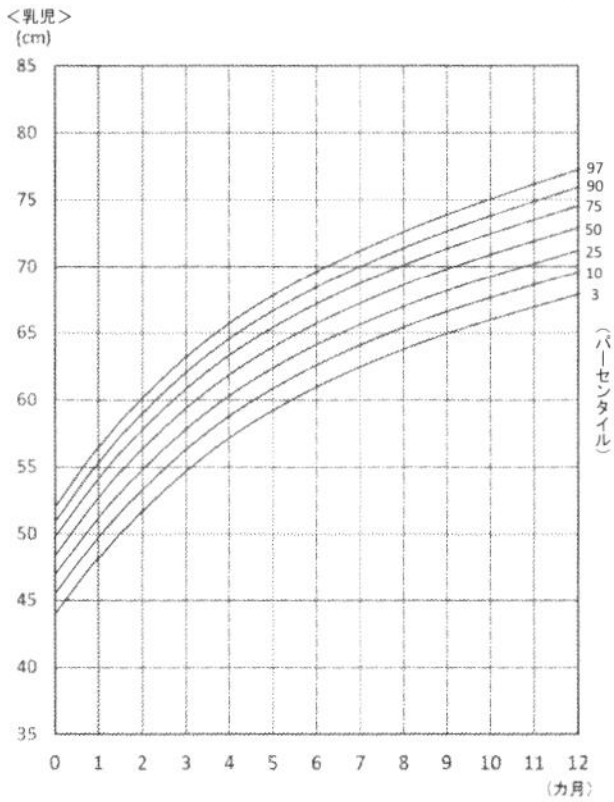

男子体重

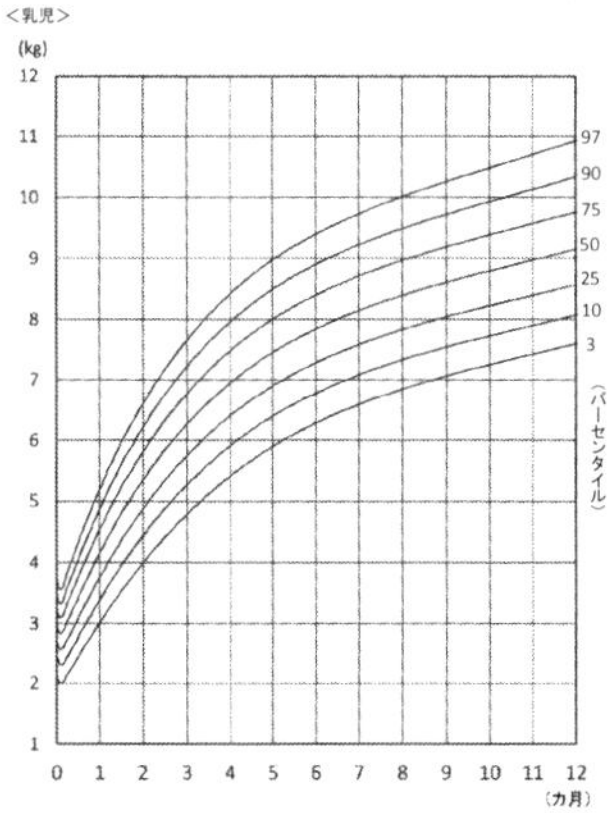

女子体重

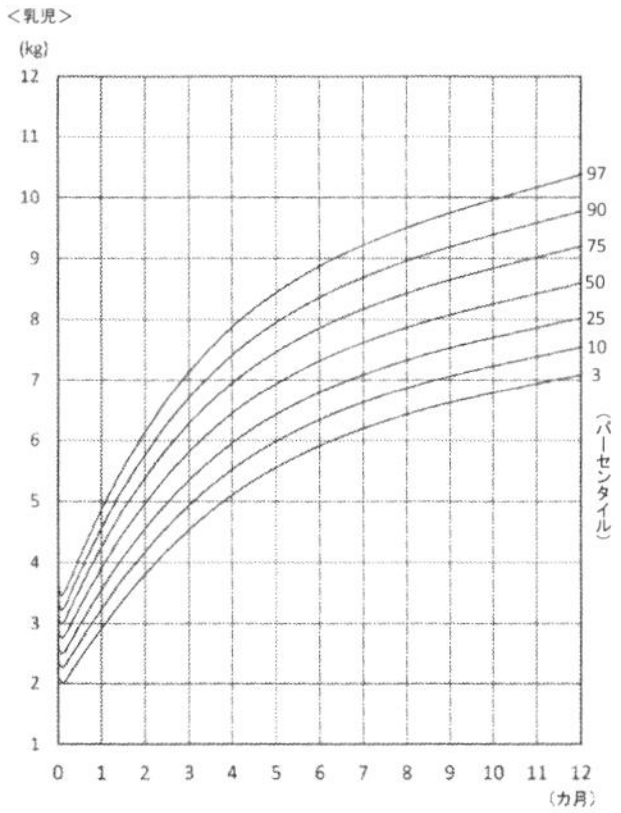

というのは発育の目安としてはわかりやすいものですが、それだけに、その数値と比較して、「小さい」「遅れている」などと不安になってしまいがちなものです。先にあげた数値もあくまで平均値であって、その数字との比較だけで発育を評価・判断することは正しくありません。そのため、現在は、「パーセンタイル値」を用いた発育をとらえる方法がとられています。パーセンタイル値とは、同じ月齢の子どもが一〇〇人いたとき、身長では小さいほうから、体重では軽いほうからその子どもが何番目に当たるかを示した数値で、通常三、一〇、二五、五〇、七五、九〇、九七の数値が用いられます。三パーセンタイル以下の子ども、九七パーセンタイル以上の子どもについては、発育に偏りがある可能性も考えて、経過観察をする必要があります。とはいっても、それも一律ではなく、パーセンタイル曲線に沿った発育をしているかどうか、ほかの側面の発達はどうかなど、総合的に見て評価する必要があります。

原始反射から随意運動へ——寝返り・座位・ハイハイ・歩行の獲得

自分の意思で身体を動かすことを「随意運動」といいます。生まれたての赤ちゃんはこの「随意運動」ができませんが、これは出生時から見られる「原始反射」が消失するとともに現れてきます。主な原始反射としてあげられるのは次のものです。

＊吸綴《きゅうてつ》反射：口に刺激を与えると吸う動作をする
＊把握反射：手のひらに刺激を与えると握る

＊歩行反射：わきの下をおさえて起立させ、足を床につけると歩行するような動作をする
＊モロー反射：びっくりしたときにバンザイをしてから抱え込むような動作をする

これらは出現する時期と消失する時期が決まっています。決まった時期に出現しない場合には、注意する必要があります。次に、ゼロ歳児期に獲得される主要な運動、「寝返り」「座位」「ハイハイ」「歩行」を取りあげます。

① 寝返りの獲得

寝返りの獲得はおおむね生後六か月ごろに見られます。寝返りは乳児期後半の発達に向けて非常に大切なことの一つですが、これも「早いほうがいい」というものではありません。三～四か月といった早い時期に寝返りをする子どももいますが、その後のハイハイに望ましくない影響をもたらす場合もあることが指摘されています。

経過としては、五か月ごろのあお向けから横向きへの寝返りから始まって、その後、あお向けから伏臥《ふくが》位への寝返り、伏臥位からあお向けへの寝返りと姿勢を変化させることができるようになります。七か月ごろには左右どちらへも寝返りができるようになっていきます。寝返りについては、片足でしっかり蹴れること、身体の下になった手を自分で抜けること、指が開けているかどうかなどが重要です。

② 座位の獲得

四か月ごろになると、おとなが支えると少しの間座ることができるようになります。ただこの段階は、座らせると座っていることができる「他動的・受動的座位」であり、自分

で座る「能動的座位」には至っていません。この時期に無理に「お座りの練習」をさせることは、その後の発達にゆがみを生じる危険性があり、望ましくありません。七か月くらいになると自分で座れるようになり、ハイハイを始めると伏臥位から座る、座位から伏臥位に戻ることができるようになります。

③ ハイハイの獲得

両手・両足を着き、身体を伏せた状態で移動するハイハイは、歩行の前の段階として非常に大きな意味をもっています。あまり這わずに歩行を始めた子どもに、その後、発達上のさまざまなゆがみが見られることが指摘され、ハイハイの時期を十分に保障することが必要であることが明らかになっています。

ひとことで「這う」といっても、そのなかには通常四つのものを含んでいます。

第一は、「後バイ」といって、七～八か月に見られるものです。赤ちゃん自身は前進しようとしていますが、手の力が足の力よりも先に発達するため、手を突っぱることで結果として後ろに進んでしまいます。

第二は、「腹バイ」といって八～九か月に見られるものがあります。これは、腕の力で床を引き寄せるとともに、足の発達によって、つま先で蹴ることができるようになって、前に這うことができるようになることです。

第三は、九～一〇か月に見られる「四つバイ」です。先の「腹バイ」と違うのは、ひざを着いてお尻が上がり、身体を床から離して進むことができるようになることです。これは、身体を支える腕や脚の力がついていることを表しており、いよいよ歩行への移行に入ったといえます。

第四は、一一～一二か月の「高バイ」です。ひざを伸ばしてお尻を高く上げて、両手と両つま先を着地させた状態で、前進ができるようになります。

この四つの段階を着実に経験することで、その後の歩行が確実なものになります。

④ 歩行の獲得

九～一〇か月になると、つかまり立ちやつたい歩きなどが始まります。九か月ごろにはつかまって立っているだけだった赤ちゃんが、一二か月ごろには、座った状態から何かにつかまって立ちあがることができるようになります。同時期には、約五〇パーセントの子どもが「ひとり歩き」ができるようになり、一歳二か月（一四か月）ごろには約九〇パーセントの子どもが歩行を獲得します。

歩行のはじめは、「ハイガード歩行」といって、両手を上にあげてバランスをとりながらの歩行です。バランスがとれるようになると、だんだんと手が下にさがっていき、「ミドルガード歩行」「ローガード歩行」になっていきます。「ローガード歩行」がほぼ確立するのは、一歳半（一八か月）ころです。

身体の発達における留意点──一つひとつの時期を十分に保障する

身体の発達はすべての発達の重要な基盤です。おとなは、「歩行」といった目に見えやすいものに関心が集中しがちですが、その歩行も、顔を上げる、首がすわる、寝返りができる、自分で座ることができる、つかまって立てるなどの経過を着実にふまえて獲得されるものです。身体の発達には「上から下に」「中心から末端に」という順次性があり、それを無視したり、無理をさせて早期に強制したりすれば、そのときには早くできたように見えても、その後の発達に支障をきたしかねません。周囲のおとなは、「できた・できない」に目を奪われることなく、一つひとつの時期・段階を十分に保障し、その喜びに共感して見守りたいものです。

周囲への関心の広がり――「寝ている」から「座る」「立ちあがる」へ

座位からハイハイ、つかまり立ち、つたい歩き、歩行へという運動の獲得は、ゼロ歳の子どもにとって、単に姿勢の変化や移動手段の獲得にとどまらない意味をもっています。それは、運動の獲得とともに広がる周囲の世界とそれへの関心です。

①目の高さが変わる＝世界が広がる

おとなでも、寝ている状態と起きあがって座った状態とでは見えるものがまったく異なります。寝ている状態でいくら顔を動かしても視界は非常に狭いですが、起きて座った状態では、顔を動かすだけでなく上半身をひねることによって、寝ているのとは比べものにならないくらいの範囲を見ることができます。

これは、寝ている状態の赤ちゃんと座ることができるようになった赤ちゃんとの違いにも当てはまります。寝ている赤ちゃんは、向いている方向にあるものしか見ることができません。でも座っている赤ちゃんは、少し身体を動かせば、狭い範囲ではありますが周囲を見渡すことができます。両者の目に入ってくる世界は大きな違いが生まれてきます。座位を獲得したゼロ歳児は、自分のまわりにこれまで見たことがなかった、知らなかった世界があることにはじめて気がつくのです。

つかまって立つことができることで、ゼロ歳児の視野は格段に高くなります。ゼロ歳児は、生後一年で身長が七〇センチ程度まで成長することは先に述べましたが、立ちあがることで子どもは、その身長分の目の高さを得て、視界が広がるのです。非常に低いところしか見えていなかったときに比べれば、本当にたくさんの魅力的なものが目に入ってくることでしょう。

②移動手段の獲得は、「願ったことがかなう」経験をもたらす

寝ている―座る―立ちあがるによって目の高さが変わり、見える世界が変わることに加えて、ハイハイ―つたい歩き―歩行の獲得がゼロ歳児の世界を大きく変化させます。移動手段をもたない赤ちゃんは、魅力的な対象を見つけても自分でそれを手にすることができません。周囲の他者（主におとな）にサインを出して、取ってもらわなければ手にすることはできないのです。いわば、もののほうが近づいてきてくれない限り、かかわることができないのです。しかし、ハイハイを獲得することでそれは変化します。興味のあるものを見つけたら、自分から近づいていくことができるからです。誰かが取ってくれなくて

も、自分で取ることができるようになるのです。それは自分から主体的に世界にかかわっていくことができるようになるということなのです。

ハイハイができるようになって、興味のあるものに自分から近づいていくことができるようになった子どもは、「あれはなんだろう?」と興味の対象となるものを見つけ、「触ってみたいな」と望んだら、自分で移動してそばに行くことができ、確かめることができるようになります。少し大げさに聞こえるかもしれませんが、移動手段の獲得は、ゼロ歳児に、望んだことを自分でかなえていくことができる経験をもたらすのです。

探索活動の開始——知的発達の土台をつくる

ここで生まれてくるのが「探索活動」です。この探索活動は乳児の知的発達には欠かせない行動です。周囲に興味のあるものを見つけた子どもは、ハイハイやつたい歩きでその対象に近づき、それが何かを確かめようとします。それが探索活動です。おとなも自分のまわりに何か見たこともないものや知らないものがあれば「なんだろう?」と思い、それを確かめようとするでしょう。

ただ、ゼロ歳児がおとなと違うのは、五感を使って確かめようとする点です。目で見るだけでなく、触ったり、においをかいだり、動かして偶然に出た音を聞いたり、舐《な》めて確かめたりしようとするのが乳児の特徴です。ゼロ歳児にとって、五感は世界にアプローチし、確かめる手段なのです。

そのことはゼロ歳児期が視覚や聴覚、手指の発達が著しい時期でもあることと関係しています。ゼロ歳児の三か月ごろには周囲の人やものをじっと見たりします。また、まわりで声や音がするとその方向を見たりします。六か月を過ぎるころから手や指も発達してきます。手のひら全体で握ることからすべての指で握ることへ、そしてもっとあとにはつまむことができるようになったり、打ったりたたいたりということもできてきます。こうした手指の発達がゼロ歳児の探索活動をより活発にしてくれます。このようにゼロ歳児の身体のなかでは、世界にかかわっていく準備を着々としているのです。

探索活動の開始は、ゼロ歳児のなかに周囲のものへの興味・関心、「何かな？　ふしぎだな」と思う気持ち、「触ってみたい」という意欲がめばえてきたことの表れです。この興味・関心・意欲に動かされて、身体を使って探索し、身近なものへとかかわりをもつことが、その後の知的発達の土台をつくるのです。

移動手段の獲得と危険性の高まり——転倒・誤飲・誤食を防ぐ

視点が上がり、視野が広がることがその後の知的発達にとって非常に重要であることは同時に、子どもにとって危険なことが増えることも意味しています。同時期にゼロ歳児の子どもたちは移動手段も獲得していくので、それまでの生活と比べて、格段に危険性も高まるのです。興味・関心に引かれて危険なところに自ら近づくことができるようになってしまうといってもいいでしょう。ここでは、転倒と誤飲・誤食の危険性について述べます。

①転倒

転倒の危険性には、何よりも乳児の体型上の問題と発達の順次性がかかわっています。頭が非常に大きく重いこと、足が頭や上半身に比べて遅れて発達することから、ハイハイ、つかまり立ち、つたい歩き、歩行のいずれにおいてもゼロ歳児は非常に不安定な状態で行動しています。特につかまり立ち以降の二足での行動になると、不安定さがいっそう増します。子どもたちにとっては、できるようになったこと、新しい世界との出あいに喜びいっぱいの状態ですが、とてもバランスをくずしやすく転びやすい状態です。典型的には、ベッドやおむつ交換台、階段から転落したり、座位からうしろに倒れる、不安定なものにつかまって、あるいはものに足をとられて前に倒れるなどがあげられます。

危険だからといってすべてを制止・禁止してしまうのでは、運動を獲得した喜びも探索の楽しさも感じられません。それは知的発達の土台づくりにとっても非常にマイナスです。そこで、危険のない状態で十分に運動や探索活動が楽しめる環境づくりが不可欠になります。ゼロ歳児の目線で常に保育環境を点検し、転倒の危険性を想定した見守りが求められるのです。運動や探索活動を保障するためには、活動性の高いほかの年齢の子どもと時間をずらしたり、場所を分けるなどのくふうも必要でしょう。

②誤飲・誤食

先にあげた五感を使っての探索活動も、ゼロ歳児にとっては危険と隣あわせです。おとなは見たこともない対象の安全性が不明なときには、簡単に触ったり、ましてや舐めたりはしませんが、ゼロ歳児は興味があれば触ってしまうし、口に入れたりします。しかし、ゼロ歳児のまわりにあるものは、触っても、口に入れても大丈夫なものばかりとは限りません。誤って口に入れて飲みこんでしまう誤飲・誤食の危険が非常に大きいといえます。

薬品や洗剤、小さなおもちゃ、日常的な道具などは、常に量や数を確認するとともに、ゼロ歳児の手の届かないところに確実に保管します。手は届かないけれど目に見えると、取ろうとしての事故も起きます。布などを引っぱって上に置いてあるものが落ちてくることも考えられます。この時期の子どもが視覚・聴覚の発達期であること、興味・関心・意欲が高まっていることから、思いもかけないことをする危険性があることを十分に理解し、「届かない」だけでなく「目に触れない」ことにも配慮しなければならないでしょう。加えて、子どもたちが五感を使ってかかわるおもちゃは、常に点検し、清潔・安全を保ち、十分に楽しめる状態で用意しておくことが必要です。

ゼロ歳児は病気にかかりやすいとともに、日常的な危険性がとても多いものです。だからといってあまりピリピリしていると、子どもはのびのびと運動したり探索したりできません。保育室に置くものは必要最小限にし、複数の目でていねいに点検することを基本に、子どもたちの知的発達につながる保育環境づくりをくふうします。

第三節
基本的生活

生活リズムの確立——子どもとともにつくる

ゼロ歳児が健康で快適に生活し、すこやかに発達するためには、生活リズムの確立が欠かせません。また、快・不快の感覚を育て、生活習慣を獲得させていくのも、ゼロ歳児保育の重要な課題です。

① 生活リズム確立の困難さ

生活リズムは、「睡眠」を基本に、「食事」「排泄」「あそび」などの要素がかかわりあって形成されます。睡眠の大切さは誰もがわかっているにもかかわらず、実際には乳幼児の「遅寝遅起き」の傾向は進行し、ほかの要素にも大きな影響を及ぼし、生活リズムを乱し、リズムの確立を妨げています。地域・家庭状況が変化・多様化するなかで、もっとも影響を受けているものの一つが、睡眠を含む生活リズムの問題なのです。

このことは、単に「保護者の睡眠や生活リズムに対する意識が低い」ということでは片づけられない複雑な問題です。「ほかに養育を手伝ってくれる人がいないから、父親の遅い帰宅まで子どもをお風呂に入れられない」「夜間にしか保護者とのコミュニケーションやスキンシップがとれない」など、就寝時間が遅くなるのには家庭におけるさまざまな事情がかかわっています。「重要性はわかっているけど、現実には……」というところです。

② 生活リズム・生活習慣はなぜ大切か

とはいえ、遅寝遅起きの生活は、乳幼児にとって非常に深刻な状態だといえます。ホルモンの分泌にかかわる健康・身体発達の面はもちろん、睡眠が不十分であることで、食事、排泄、あそびにも大きな影響が出て、その後の意欲的な生活づくりに大きな支障となるからです。

それは、三歳を迎えるころまでは、基本的な身のまわりのことに関心をもち、「自分でしよう・したい」という意欲を育てることが大切な時期だからです。そして、意欲を育てながら、簡単なことから自分でできる力をつけ、「できた」という喜び、「できる」という自信、「またしたい」というさらなる意欲を育てることの大切な出発点がゼロ歳児なのです。

生活リズムの確立や生活習慣の獲得に向けての基本的な姿勢は、一つひとつの行為を「できる・できない」の観点で見るのではなく、「自分からしようとする」姿を大切にするということです。「生活リズムの確立が重要だ」「生活習慣を身につけさせなければ」となると、保護者も保育者も「必死に」がんばってしまいがちです。そうなると「できたか・

できないか」ばかりが気になって、子どもの思いや意思を置き去りにして、強制・強要することになりがちです。しかしそれでは、子どもたちにとって毎日の生活は、強いられ、監視される生活になってしまい、「自分からしようとする」気持ちを育てることにはつながりません。これでは、その後の意欲的な生活づくりにつながるはずの生活リズムの確立や生活習慣の獲得が、子どもにとって否定的なイメージになってしまいます。

保育者は、生活リズムの確立や生活習慣の獲得に向けての見通しをもちながら、子どもが自分からしようと思うような生活を、子どもとともにつくっていかなければならないのです。

③ 子どもが「その気になれる」働きかけと環境づくり

生活リズムや生活習慣の確立に向けての留意点としては、次の三点です。

第一にあげられるのは、ゼロ歳児なりの意思表示を読みとるということです。

ゼロ歳児はことばの獲得に踏みだしたばかりの時期で、ことばで意思を伝えるということはまだできません。しかしゼロ歳児にも意思はあります。それを伝える術がことばではなく、泣くことであったり、動かないで固まってしまうことであったり、表情が変化することであったりします。午睡時に寝ようとしない、昼食時に口を固く結んで食べようとしない、わざわざ食事をぐちゃぐちゃにかきまわす、といった姿は、どの保育園でも見られますし、トイレに連れて行こうとすると、いやがって行かず、その直後に出てしまったりということは本当に日常的にあります。

寝ようとしない、食べようとしない、あそんでしまう、イヤイヤをするなど、これらはすべてゼロ歳児の意思表示です。保育者にはそれを「読みとる」力が求められます。読みとったからといって、なんでも子どもの思い通りにするというのではありませんが、「今は～したいのかな?」「～はいやなのかな?」など気分や感情に寄りそいながら、また、「朝～だったから」など理由も考えながら、「睡眠」「食事」「排泄」「着脱」などに気持ちが向くように働きかけることが必要になります。

第二に、子ども自身の満足感を大切にするということです。

「～させられた」というのと「自分から～した」というのとでは、寝ることでも食べることでも排泄することでも子ども自身の満足感はまったく異なります。一つひとつの行為に満足感をもつことができるからこそ、「またしたい」「自分でしたい」という思いも生まれ、リズムや習慣となって定着するのです。一クラスの子どもたちの人数が増え、保育の流れや保育者の配置などでさまざまな制約はあるかと思いますが、一つひとつの行為において、子どもの顔をしっかり見て、ふさわしい声をかけながら、急かすことなく働きかけることが必要なのです。そのことが生活リズムをつくり、子どもの意欲を育て、おとなへの信頼を育むのです。

第三には、子どもが自分からしようと思えるような、「その気になれる」環境づくりや働きかけの重要性です。

ゼロ歳児の保育室の配置（園舎全体、内部）はどのようになっていますか?　保育者の目が届きやすく、動線が簡潔であることは、子どもの生命と快適な生活を保障するうえで欠かせません。同時に、「食事」「排泄」「着脱」が、一人ひとりの子どもにとって、他者が見え、他者を感じながら意欲が引きだされ、行動がうながされるものになっているかどうかも大切な視点です。また、保育者の声かけが届きにくかったり、子どもの頭の上を通り過ぎていくような場所からの声かけになっていないかなど、子どもにとって「してみよう」という気持ちになる配置になっているかどうかの見直しも、ゼロ歳児の生活には欠かせないのです。

④「生活のモデル」としての保育所の役割

生活リズムづくりや生活習慣の獲得は保育所だけではできません。健康や食事面と並んで、家庭との連携がもっとも求められる部分です。家庭でのようすを、口頭・連絡帳などをとおして十分に把握して、保育園生活に生かすのは大切なことです。

しかし、「生活リズムの確立は家庭生活が基本」とばかりいってはいられないのが現状です。保育所保育指針でも「保育所がふさわしい生活の場所になる」ことがあげられていますが、まさに保育園は子どもがすこやかに育つための「生活のモデル」を提供する場になっていると思います。そこで、保育園生活が、家庭にとって「生活のモデル」となるために、生活リズムの確立に欠かせない「睡眠」「食事」「排泄」について述べます。

睡眠――健康と生活の基本

保育園には「お昼寝の時間（午睡）」があります。なかなか寝つけない子どもたちに苦労している方も多いかと思います。それでも「寝る子は寝て、寝ない子は起きていてもいいよ」とならないのは、乳幼児にとって、長い保育時間のなかで「休息」をとることは健康のために不可欠なことだと考えられているからです。

睡眠は、生理的欲求に基づいた本能的なものに見えますが、生まれてから獲得していく部分を多くもっています。乳児の健康や生活のしかたの根本である睡眠について考えてみましょう。

①睡眠は「生まれてからつくられる」

睡眠は、身体の諸機能が正常に機能することに大きくかかわっていて、非常に重要なものです。しっかり食べる、排泄する、あそぶといった生理的欲求や不可欠な活動にも大きなかかわりをもち、子どもの情緒の安定にも大きく影響します。それゆえ、快適な睡眠は快適な生活と健康な心身につながる重要なものだといえましょう。

睡眠は生理的欲求に基づいた本能的なものと思われ、夜寝て朝起きるのは当然のように思われています。しかしこの睡眠のリズムも生まれてから獲得するものです。私たちの体内には「体内時計（「概日時計」ともいわれます）」と呼ばれるシステムが備わっており、そのシステムが睡眠と覚醒、体温やホルモンの調節などの役割を果たしています。そのシステムは一日二四時間という社会的なリズムより長く、およそ二五時間と考えられており、「概日リズム」と呼ばれています。ですから、そもそも生物としてのヒトは、体外に存在する社会的なリズムとはズレたシステムを身体にもって生まれてくるのです。

しかも、生まれたばかりの赤ちゃんには、この体内時計の働きがまだできていなくて、夜寝て朝起きるというリズムがつくられていません。そのため、生活は一日の時間の流れとは無関係なリズムとなっており、これは「超日リズム」と呼ばれています。これは、短い間隔で「眠る―起きる」を繰りかえす「まだら睡眠」の状態です。この短い睡眠を全部合わせると、一日に二〇時間分ぐらいになります。一回の睡眠は長くても三～四時間程度で、昼夜の区別なく、空腹になったら目を覚まし、授乳によって満腹になったらまた眠るといったリズムになっています。しかも、新生児の胃は非常に小さく、摂取するものはとてもすばやく消化される母乳やミルクなので、すぐに空腹になってしまい、それに合わせて睡眠も短くなるのです。

体内時計が働きはじめるのが生後一～二か月です。このころからだんだんと一回の眠る時間が長くなり、「眠る時間帯」と「起きている時間帯」に分かれはじめ、夜にまとまった時間眠るというリズムに進んでいきます。このことは生後五か月ごろまでにかけて段階的に進んでいき、夜一回で眠る時間も六時間、八時間、一〇時間とだんだんと長くなっていきます。この時期のおとなの役割は、新生児の一日の生活リズムの基本形を意識的につくることです。生理的なリズムを調整し、それを一日二四時間という社会的なリズムに合わせてつくりかえていくことは、ヒトが人間になる過程で欠かせないことです。それが「生活リズムをつくる」という乳児期の課題となるのです。

② 睡眠のリズムをつくるために

睡眠のリズムをつくるためには規則正しい生活を送ることはもちろんですが、それとともに太陽の光が大切だと考えられています。先にあげた一日二五時間という体内時計に従った生活を送ると、一日二四時間という社会的リズムとの間に一時間のズレが出てきます。そのため、夜に起きたり、昼に寝たりという昼夜逆転の生活になることがあります。

それを修正して二四時間の生活に適合していくためには、太陽の光を受けて体内時計をリセットすることが必要であり、それによって身体に一日の周期を形成していくのです。

そこで、昼間起きている時間には十分に太陽の光を浴び、夜寝る時間には部屋を暗くするといった配慮が必要になってきます。日中、散歩をしたり園庭であそんだりすることは、身体の発達、運動機能の発達、身近なものへの興味、他者への興味や関係にとって非常に重要なことですが、それと同時に、睡眠と覚醒のリズムをつくるためにもとても大切なことだといえるでしょう。

③ 睡眠のパターン

次に、ゼロ歳児期の睡眠の変化を見てみましょう。ここにあげた「二回」とか「三回」という回数は、夜の睡眠を除いた日中の回数を指しています。以下にあげることは個人差が大きいので、機械的に「○か月だから△回睡眠で」と決めつけて強要するものではありません。子どもたち一人ひとりのようすをよく見て、保護者に家庭でのようすもしっかり聞いて、進めていくことが必要です。

●三回睡眠

ゼロ歳児の前半（三〜四か月）は、保育園に来ていても起きている時間も短く、夜以外に、三回の睡眠をとります。この時期が「三回睡眠」の時期です。午前、午後、夕方に睡眠をとり、起きている時間のほとんどが食事（ミルク）やおむつの交換の時間になります。この時期から、眠っている時間と起きている時間との区別をはっきりさせることが重要であり、起きている時間の充実が大切です。

●二回睡眠

五か月を過ぎると、夜以外に午前、午後に睡眠をとる「二回睡眠」へと移行します。移行の目安は朝九時まで目覚めていられるかどうかです。起きている時間も少しずつ長くなり、そのほとんどが食事（ミルク）やおむつの交換だった三回睡眠のときに比べると、「あそび」や「おやつ」の時間ができてきます。特に午前中の睡眠がその後のリズムに大きく影響をもつことを考慮して、その前の時間まで十分にあそんで午前の睡眠に移行できるようにします。

●一回睡眠

一歳になるころには、夜以外に午後の決まった時間に睡眠（午睡）をとる「一回睡眠」に移行します。午前一一時くらいまで目覚めていられるかが目安になります。食事（離乳食）、おやつ、あそびの時間がはっきりして、毎日の過ごし方にメリハリができてきます。

睡眠の変化にともなって、家庭や保育園での日中の過ごし方が重要になってきます。ゼロ歳児の保育にとって「起きている時間を豊かに」というのは重要なキーワードの一つだと思うのですが、それをどのように豊かなものにするかが大切です。

④ 無理のない入睡に向けて

最後に、ほかの活動から睡眠への無理のない移行のあり方について三点述べます。

●個人差への配慮

月齢が近くても、よく眠る子どもとあまり眠らない子どもとの間には大きな個人差があります。家庭とも十分に連絡をとりながら一人ひとりの実態をよく把握して、それをもとに快適な睡眠を保障できるように配慮します。必要に応じてグループや場所を分けるなどして、他児によって子どもの睡眠が妨げられないように配慮します。

●起きている時間の充実

午睡は子どもの休息の確保、健康のために必要不可欠なものではありますが、「時間になったから寝つかせる」という形式的なとらえ方をするのは望ましくありません。そうではなくて、起きている時間を充実させて、それを快適な睡眠へとつなげることが大切です。午前中に散歩に行って太陽の光を浴びる、園庭であそんで活動を保障するなど、快適な睡眠につながる過ごし方のくふうが求められます。

●「自分で寝る」ことを大切に

活動のあと、あるいは食事のあと、比較的すーっと寝つく子どもがいるかと思えば、なかなか寝つけない子どももいるので、毎日さまざまなくふうをされていることでしょう。「トントン」とやさしく刺激を与えて寝つかせるのがいけないというわけではありませんが、ふとんに入ったら静かにして、自分から寝られるようにすることが大切です。

もし子どもたちが寝つきにくいのであれば、寝る態勢になっているのに何かをさせる、などの気持ちの中断を招いていないか、おとなの動きがあわただしくて静かな環境が保持されていないのではないかなど、食事から睡眠までの流れのなかに、子どもの睡眠を阻害する要因がないかどうかの見直しが必要です。保育を見直したり、よりよい状態をつくるように寝つきやすい空間・環境をくふうすることが大切でしょう。

食事――「食べることが楽しい」を大切に

食事についていえば、ゼロ歳児期は、母乳やミルク、離乳食、幼児食へと移行していく時期です。それぞれに配慮すべき独自性はありますが、共通して大切なことは、子どもが「食べることが楽しい」と感じているかどうか、ということです。ゼロ歳児でも、調理時も含めて食事のにおいをかいだり、運ばれたり盛りつけられたりする音を聞いたり、目で見たりすることで食事への意欲がわき、楽しい雰囲気のなかで食べることで、自分から食べる姿勢が生まれてきます。そのためには、他児が食べているようすが感じられる環境をつくり、保育者自身も五感で食事を感じ、子どもと共感する姿勢をもつことが望まれます。授乳時なら、保育者がゆったりした気持ちで子どもと気持ちを共有しながら、子どもの体調などに配慮して飲ませることが大切です。

保育園の食事は、その内容が発達にふさわしいものであることはもちろんですが、同時に、その摂食のあり方（食べ方）も子どもにとって大切なものです。食事が子どもにとって「楽しい習慣」となるように、食べる環境、内容や盛りつけ、おとなや他児とのかかわりなどを考えて保育する必要があります。

排泄――気持ちよく排泄すること

排泄においても「快適さ」が重要です。おむつがぬれ、泣くことで発信したサインを保育者がすぐに受けとってくれて、排泄後はきれいに拭いてくれる、といった一連の流れのなかで、子どもは、「快」と「不快」の感覚を身につけます。もし、発信にすぐに応えてもらえなかったり、叱られたり、いやな顔をされたりすると「快」と「不快」の感覚が身につかないし、排泄に対して「悪いこと」というマイナスイメージをもってしまいます。同様に、オマルに長い時間「座らせられる」状況も、子どもに排泄に対するマイナスイメージをもたせることにつながります。

一歳児以降、活動の節目にトイレに行く場合も機械的・形式的にならないように気をつけて、他児の姿を見て自分も行こうとする、ちゃんと出たことをいっしょに喜びあうなど、排泄することが快適な生活習慣であることを、子どもに身につけさせることを大切にします。

第四節
認識とことばの育ち

ことばの発達——どのように生まれ、育っていくのか

ことばの発達は、さまざまな複合的要素に影響を受けています。ゼロ歳児という時期が、移動手段の獲得によって周囲への関心が生まれ、信頼できるおとなとのやりとりやあそびが始まる時期であることは先に述べました。こうした変化・発達を基盤に、ことばは生まれ、育っていきます。ここでは、ことばはどのように生まれ、育っていくのかについて述べたいと思います。

① ことばの前のことば

乳児のはじめての声は生まれたときの産声です。それから二か月ほどたって「クーイング」と呼ばれるものがみられるようになります。これは鳩が鳴いている声に似ていること

から名づけられたといわれています。このクーイングは快適な状態のときに発せられます。このころから、周囲のおとなに向かってクーイングを発することで、コミュニケーションの原初的形態も生じはじめます。それに続いてみられるのが「喃語」です。生後五～六か月ごろから「アアア」「ママママ」「ウーン」などの喃語を発しはじめるようになります。母親を表す「ママ」や食事を表す「マンマ」と音声的に似ていますが、その意味をもったことばというわけではなく、無意味音声です。

続いて九か月ごろからは「ジャルゴン」が出現します。喃語に比べて同一音や類似音の繰りかえしではなく、抑揚があり、有意味語と類似しているため、聞き手にはまるでことばを話しているように感じられます。ただ、調音（音をつくること）が十分でないため、何を言っているのか聞きとることは非常にむずかしいものです。このような過程を経て、ゼロ歳児は「ことばを話しはじめる準備」を徐々に整えていくのです。

② はじめてのことば

はじめてのことば（有意味語）は、多くの子どもの場合、生後一年前後で出現します。これはあくまで目安ですので、個人差があります。はじめての有意味語の出現が少し遅いからといって「ことばが遅れているのでは？」と性急に判断することは誤りです。

はじめての有意味語で代表的なのは「ママ」や「マンマ」ですが、なかにははじめて話したことばがそれ以外の子どももいます。これらは「母親」「食事」といった乳児の生活に非常に密着したものなので、それだけ乳児にとっては聞き覚えのあることばだといえます。たったひとことの「ママ」や「マンマ」ですが、そこには多くの意味が込められています。それは状況によっては「ママ、お腹すいたよ」であったり、「ママ、おむつがぬれて気持ち悪いよ」であったり、「ママ、眠いよ」であったりするからです。周囲のおとなは、そのときの赤ちゃんのようすや少しの違いから、その「ママ」が意味していることをくみ取り、対応しなければなりません。自分からの発信におとなが応えてくれて、自分の思いがかなう（空腹が満たされる、おむつを替えてもらって快適になるなど）経験をとおして、乳児はことばの必要性を実感していくのです。

初語を話すようになってからしばらくは、語彙《ごい》数は緩やかに増加していきます。そのことば自体はきわめて生活に密着したものや興味をもったものであり、限定的なものです。その繰りかえしのなかで、一歳半ごろから語彙数が爆発的に増加します。一歳児の章でくわしく述べますが、語彙数の増加にともなって「一語文」から「二語文」へとことばが豊かになっていきます。

やりとりのなかで育つことば――「指さし」と「三項関係」

ここまで「ことばの前のことば」と「はじめてのことば」について述べてきましたが、ことばは自然に生まれ、豊かになるのではなく、他者との関係のなかで育っていくものです。それは初語のあとだけではなく、「ことばの前のことば」の段階から非常に重要です。クーイングがコミュニケーションの原初的形態であると述べましたが、その後に見られる「指さし」においても、「応えてくれる他者」の存在が不可欠です。乳児からの発声や指さしに応え、「～だね」とことばを返してくれる他者（おとな）がいてはじめて、子どもはやりとりの楽しさを知り、そのなかからことばが育っていくのです。

「指さし」は、その名のとおり、指（あるいは手）を用いて何かを指し示す行為ですが、これは子どもが指を使って、誰かに、何かを示そうとしている姿であり、他者とのコミュニケーションそのものなのです。こうした指さしの出現は、それまでの子ども―他者の「二項関係」を経て、子ども―他者（多くの場合おとな）―モノの間に「三項関係」が成立したことを示す重要な発達の姿と考えられます。ここから「誰かに何かを伝える関係」がはじまります。

この段階では、「モノへの関心」より「他者への関心」のほうが勝っているので、指さした対象であるモノを見てほしいというよりも、他者に見てほしいという思いのほうが強いですし、指さしに対して他者が「○○ね」「かわいいね」などの応答を返してくれることを楽しみ、喜んでいます。その意味で指さしは何かを伝達するというよりも、乳児が他者とのコミュニケーションを求める「交流」の姿といえるでしょう。それゆえおとなは、子どもからの指さしに対して「○○ね」などのことばと表情で応え、やりとりを楽しむことを大切にします。たとえそこに明確な音声での言語がなかったとしても、子どもにとっては大切なコミュニケーションなのです。

おとなの役割――子どもの感覚や気持ちにことばで返す

おとなの役割としてもう一つ大切なのは、乳児のことばにならない感覚や気持ちをことばにして返すことです。それは三つの意義があると考えられます。

一つめは子どもの情緒を安定させるということです。ことばにならないものを受けとめてもらい、「○○ね」と返してもらうことで子どもは、「自分の気持ちがわかってもらえている」と感じ、安心することができます。そしてその他者に信頼感を抱きます。「見てもらえている」「わかってもらえている」という実感が子どもの安定した情緒を育てるのです。

二つめは豊かな感覚・情緒につながるということです。乳児の「快」と「不快」という二つの感情は、生活のなかでさまざまな経験を経て分化し、豊かになっていきます。しかしそれも時期がくれば自然になるわけではなく、さまざまな経験とそこでの他者からの意味づけによって生まれてくるのです。食事のときに満足そうな顔をしているのを見て「おいしいね」と声をかけたり、おむつを交換したあと「気持ちよくなったね」と声をかけることで、子どもは自分の現在の状態が「おいしい」という状態や「気持ちのいい」状態であることを知ります。また、転んだり、ぶつかったりしたときに「痛かったね」といってもらい、泣いたときに「こわかったね」と声をかけてもらうことで、それが「痛い」「こわい」ことからくる不安であることを知っていきます。このおとなからの「名づけ」によって、子どもは自分に起こっている事態を認識し、受けいれていくのです。

三つめはことばの感覚を育てるということです。おとなが「楽しかったね」「痛かったね」と共感とともに言語化して伝えてくれることで、子どもはその状態を表すことばや表現を学び、獲得します。そのことが後に自分から「楽しかった」「痛かった」などと表現できることにつながります。自分の思いを自分のことばで伝えることのできる子どもを育てていくためにも、ゼロ歳児の「ことばにならないことば」の時期のおとなのことばがけ・応答が非常に重要なのです。

ことばを豊かに――「正しさ」よりも「話したい気持ち」を大切に

子どものことばを豊かに育てるために何よりも重要なことは、ことばの発達を語彙数のみで考えないということです。子どもは周囲からのことばがけを聞き、それを獲得してことばを話せるようになりますが、だからといってシャワーのようにことばを降り注いだり、話すことを強要したりするのは望ましいことではありません。先にも述べたように、子どものことばは、他者とのやりとりのなかで育っていくものです。子どもは、信頼できる他者とともに生活し、同じものを見てやりとりし、共感しながらことばを獲得していくのです。ことばを話しはじめた子どもたちに接するうえで一番大切にするのは、「話したい気持ち」を大切にし、「話す楽しさ」を実感させることです。語彙数を増やすことにばかり目を向けるのではなく、話したい気持ちを育てます。

次にあげたいのは間違いに対する対応です。話しはじめのころには間違いもたくさんあります。まだ調音（音をつくること）が十分でない時期なので、音が不明瞭であることも当然であり、明瞭な発音ができるようになるのはもっとずっとあとのことです。ことばに間違いがあると、それに対しておとなは「間違って覚えないように」と訂正したくなりますが、それによって「話したい」「聞いてほしい」という気持ちがしぼんでしまうことは望ましくありません。子どもの間違いを訂正するのではなく、子どものことばのあとに「○○ね」と正しいことばをかけてあげることが大切です。時間をかけて「正しく」話せるようになることを見通して、ゆったりかかわることが重要だといえます。

第五節 あそび

ハイハイに始まる移動手段の獲得により、ゼロ歳児の子どもの世界や、周囲への関心が広がるなかで生まれてくるのがあそびです。あそびがゼロ歳児に限らず、すべての子どもの発達において非常に重要な意義をもつ活動であることはご承知のとおりです。ここでは、ゼロ歳児期の代表的なあそびを取りあげ、それが子どもにとってどのような意義をもつのかについて述べたいと思います。

ゼロ歳児の代表的なあそび

① おもちゃなどを動かしてあそぶ

周囲のものに関心をもちはじめたゼロ歳児は、目につくもの、手に取れるものを実際に触ったり動かしたりしはじめます。代表的な姿としては、ガラガラを振ってあそぶ、ものを落としてあそぶ、ものを出し入れしてあそぶ、などがあげられます。

このあそびは、偶然生まれる驚き・楽しさから始まって、次には「それをやってみようとして、する」意識的なものへとあそび方が変化してくるおもしろさをもっています。たとえば、偶然自分の近くにあったガラガラに手が触れることで音が鳴るという経験をした子どもは、それに興味をもち、動かしてみたり、手に取って振ってみたりします。もちろん、「〇〇すれば〜になる」という明確な見通しをもって行動しているわけではありませんが、興味のある対象に向けて実際に働きかけてみて、その結果（音が出る、動くなど）を楽しんでいるのです。

このあそびは、二歳児以降の「つくってあそぶ」ことへつながっていくものですが、この時点ではまだ、イメージを描いたりつくることを試行したりというよりも、その対象そのものへの興味が強く、それを触ったり動かしたりして楽しんでいるのです。ですから、ものを落とすあそびにおいて「じょうずに落とせる」ことに目を向ける必要はないし、子どもが積み木を滑らせてあそんでいるからといって、急いで車のイメージに結びつけようとする必要もありません。ものを落とすあそびについていえば、入り口の形・方向とものの形・方向が偶然一致して、ポトッと落ちたことが楽しくて、何度でも繰りかえしあそぶことが大切なのであり、そのなかで子どもは「あそぶことは楽しい」ことを知っていくのです。

②感覚あそび・運動あそび

次にあげるのは、自分の身体の感覚を楽しむ感覚・運動あそびです。代表的な姿としては、たかいたかいをしてもらう、ゆさぶってもらう、くすぐってもらう、「お船はぎっちらこ」をする、箱などを押す、ものを引っぱって歩くなどがあげられます。

このあそびで大切なのは、子どもが全身を使ってあそび、動くことを楽しみ、その感覚を楽しめることです。くすぐってもらったときのくすぐったい感覚、たかいたかいをしてもらったときの身体が上下に動く感覚、ゆさぶりや「お船はぎっちらこ」における揺れる感覚、ものを押したり引っぱったりして動くことのおもしろさなどを子どもが十分に楽しめることが大切なのです。そこでおとなは、ゆったりとした雰囲気のなかで、子どもと視線を合わせ、子どものようすを把握しながら働きかけ、保育者自身が感覚や動くことを楽しみながらいっしょにあそぶ姿勢が重要になります。

③ いない いない ばあ

三つめに「いない いない ばあ」を取りあげたいと思います。このあそびは誰でも知っているあそびで、「いない いない」と言いながら手や布などで顔を隠し、そのあとに「ばあー」と言いながら隠した手や布をはずして、顔を見せて笑いあうあそびです。はじめは保育者の側が顔を隠したり見せたりする行動と「いない いない ばあ」の声かけで子どもに働きかけます。

このあそびはおとなとの情動的な交流を楽しむあそびであるといえます。それは、「いない いない ばあ」というリズムとテンポのなかで、おとなとの「やりとりを楽しむ」ということです。この「いない いない ばあ」は、ゼロ歳のかなり早い時期から行われるあそびなので、はじめはおとなからの働きかけが主で、子どもは見て楽しんでいるだけのように思えます。しかし、繰りかえしあそぶうちに、子どものなかにあそびに対する「予測と期待」が生まれてきます。つまり、次に起こることを予想し、それを期待して待つようになるのです。そうなると「もう一回」と要求するような表情や態度も出てきます。たとえ働きかけるのはおとなの側からであっても、子どもの側からの「もう一回したい」という要求を受けて、このあそびは繰りかえされていくのです。

さらにあそんでいくと、おとなが子どもの顔や全身に布を掛けて、その後おとなが「ばあー」とはずして子どもが顔や全身を見せたり、子どもがおとなのまねをして顔を隠してから「ばあー」と顔をのぞかせてみたり、おとなが掛けた布を自分ではずそうとしたり、逆におとなに布をかぶせたりする行動も見られるようになります。また、ぬいぐるみなどを布で隠して、「いないね……あっ！　いたー」と見つけることを楽しむようなあそびへと変化をつけることもできます。

この「いない　いない　ばあ」は、一歳児以降のさまざまな「やりとりを楽しむあそび」の原型ともいえるあそびです。だからこそ、やりとりの楽しさ、予測と期待の楽しさを十分に味わえるように、子どもとともに楽しんでいきたいものです。

④マテマテあそび

四つめは、マテマテあそびについて述べます。これもほとんどの方がよく知っているあそびで、おとなが「マテマテ」と声をかけながら子どもを追いかけ、子どもは声をあげながらおとなから逃げるというあそびです。「追いかけられる—逃げる」の形はとっていますが、「いない　いない　ばあ」と同様に、おとなとのやりとり・情緒的交流を楽しむあそびです。違うのは、逃げるという行動をともなうため、「いない　いない　ばあ」が比較的おだやかでゆったりとしたやりとりが中心であるのに比べると、大きな感情的高揚をともなったやりとりであるという点です。

このあそびは歩くことができなくても、移動すること＝逃げることができればできるので、ハイハイができるようになった子どもにとってても楽しいあそびです。ハイハイして逃げて、つかまっておとなにギューッと抱きしめられるのもとても楽しいものです。少し走れるようになると、そのおもしろさはいっそう増します。身体全体を使ってスピードにのって動くことで、気分もいっそう高揚します。このマテマテあそびを楽しむことで、子どもは「追いかけられる楽しさ」を経験し、それは後のかくれんぼやオニごっこにもつながっていきます。

あそびたい気持ちを育てる――あそんでもらう「受身」の経験を大切に

ここまでゼロ歳児の代表的なあそびについて述べてきましたが、いずれにも共通しているのは「あそんでもらう」経験の重要性です。あそびにおいてゼロ歳児の子どもは、ほかの年齢に比べておとなを中心とした他者からの働きかけを「受ける」立場、つまり「受身」な状態に見えます。これは悪いことではなく、この一見「受身」に思える経験こそが、子どもたちのあそびへの意欲を育てているのです。

ガラガラを振って音を鳴らしてみせたり、抱っこしてゆさぶったり、「いない　いないばあ」と子どもに笑いかけたり、「マテマテ」と子どもを追いかけたりしながら、おとなは子どもをあそびと出あわせ、あそぶことの楽しさ、おもしろさを知らせています。その楽しさ、おもしろさを経験することで子どもは、音の鳴るものに手を伸ばし、ゆさぶってもらって笑い、「ばあー」とおとなのまねをし、キャーキャー言いながら逃げることを楽しみます。子どもたちが「あそぶって楽しいな」と思うことができ、自分から「あそびたい」と思うことができる根本には、こうした「あそんでもらって楽しかった」という経験が不可欠なのです。

このことを実感したのは、ある保育園で行われたゼロ歳児から五歳児まで全員参加でのお店屋さんごっこを見せてもらったときでした。ゼロ歳児の子どもたちは、お店屋さんをするわけではなく、保育士の手づくりのかばんをさげて、保育士に手を引かれて「お客さん」としてお店屋さんごっこに参加していました。三歳児以上がお店屋さんをしているのですが、ゼロ歳児はどのお店に行っても「いらっしゃいませ」「どれがいい?」「はいおつり!」「落とさないでね」などとやさしく声をかけてもらって、とても楽しそうにあそんでいました。自分から働きかけることは少なくても、他者（おとなや自分より年長の子ども）にかかわってもらい、楽しい経験をすることが「あそびたい」という意欲につながっていくのだと改めて実感しました。

ここまで発達やあそびについて述べてきましたが、それを支えているのはおとなとの信頼関係です。次節ではおとなとの関係について考えたいと思います。

第六節 他者との関係

生後まもないゼロ歳児は、あらゆることにおいて他者の「手助け」が必要です。それなしには生命を保持することもできません。まさに、ゼロ歳児にとって周囲の他者は「生きていくのに欠かせない存在」です。しかしそれは単に、生命の保持やそのための生理的欲求の充足にとって、ということだけを意味するわけではありません。第一節で、生後一年間の課題の一つとして「基本的信頼感の確立」をあげましたが、生理的な側面だけではなく、他者とかかわって得る安心感やそこからつくられる信頼感がゼロ歳児にとって非常に重要なのです。ここでは、基本的信頼感はどのようにつくられるのか、他者との関係がどのように生まれ、広がっていくのかについて述べたいと思います。

他者との関係のはじまり――「特定の他者」の重要性

生後三か月ころまでの乳児は、まだ周囲の人の区別がついていないといわれています。

そのため、誰に対しても同じような反応をします。生後一か月半ぐらいから人の顔を見つめて微笑するようになりますが、この段階ではまだ人の顔に対してだけでなく、ほかの視覚刺激に反応しても同じように微笑します。人の顔に対しての微笑が中心になってくるのは三か月ごろです。

このころから他者に対する認知も変化します。母親を中心とした「特定の人」とそれ以外の人との区別がついてきます。顔を見てわかるだけでなく、声も聞き分けられるようになります。それにともなって行動も変化し、特定の他者にだけ特別な反応をしたり、自分から働きかけるようになってきます。おとなはこうした自分に向けられた微笑や特別な反応を受けとめ、微笑み返したり、声をかけたり、対応したりします。こうして乳児と特定の他者との間には、言語によらないコミュニケーションが成立しはじめます。乳児と特定の他者の間に形成されるものを「愛着」と呼んでいます。

「特定の他者」とそれ以外の人の区別がつくようになって見られるのが「人見知り」で、生後五、六か月ごろから一歳ごろまでの多くの乳児に見られます。乳児保育を担当したことのある保育士の多くは、五、六か月ごろから一歳ごろの乳児に泣かれた経験をおもちのことと思います。そうしたスタートであっても、保育のなかで子どもとの関係を築いていくことで、自分に対して泣いていた乳児が泣かなくなり、すんなり抱っこされるようになってきて、「この子にとって自分は安心できる存在になれた」と安堵《あんど》と喜びを感じた経験がおありでしょう。「特定の他者」とそれ以外の人の区別がつくようになり、人見知りが始まるようになったことは、他者との関係の本格的な開始を意味しているのです。

他者との関係の基盤が決定される時期

「特定の他者」は多くの場合、家庭では主として養育を担当することの多い母親であり、集団的保育においては担任の保育士です。子どものまわりに養育を担当してくれる他者がいれば、そのことですべての子どもに他者に対する信頼感が形成されるかというとそうではありません。子どもにとって家庭や保育園で出あうもっとも身近な他者がどのような存在であるかによって、その子どもの関係の基礎は変わってきます。

具体的にいえば、もっとも身近な他者が、乳児の微笑や反応を受けとめ、微笑み返したり、声をかけたりしてくれる人なのか、無視をしたり、大きな声で叱る人なのかによって、その子どもが「他者」に対して描くイメージはまったく変わってきます。やさしく対応してもらい、保護や安心を実感できた子どもは、特定の他者をとおして、他者全般に対して「肯定的なイメージ」を描くことができます。「他者というのは私を大切にしてくれる、誰かといると安心できる」と学習するのです。逆に、他者からの対応によってさびしさや恐怖を感じる経験をしてしまったら、子どもにとって「他者とはこわい存在である」という印象が植えつけられてしまうのです。

加えて、大切にかかわってもらえた乳児は、自分が「大切な存在」として尊重されることを感じて「自分は大切な存在である」ことを覚えます。逆に、否定的なかかわりをされた乳児は、自分が「大切な存在である」と感じることができません。子どもは、他者からのかかわりをとおして自分の存在意義やその価値を知ります。他者とのかかわりは、子どもの自己肯定感の確立をも左右するのです。ゼロ歳児の子どもにとってはじめて出あう身近な存在は、子どもに「基本的信頼感を形成する」のか「他者への不信感をもたせてしまう」のか、「大切な存在であると感じさせる」のか「自分は価値のない存在であると思わせてしまう」のか、大きな分かれ目を決定する重大な責任をもった存在なのです。

基本的信頼感・自己肯定感の確立のために

それでは、どのようにゼロ歳児に接することが基本的信頼感の形成や自己肯定感の確立にとって大切なのかについて考えてみたいと思います。

責任の重大性を先に述べましたが、それに比べると対応において大切なことは、きわめてシンプルなことだと考えます。それは、「乳児からの働きかけに適切に応えていく」ということに他ならないのです。

乳児からの働きかけに適切に応えていくために、おとなに求められることがいくつかあります。

一つめは、子どもからの働きかけに気づく・発見することです。乳児はことばによってその要求を伝えることはできないので、身体を動かしたり、泣いたり、発声したりしてそれを伝えようとします。その働きかけを見逃さずに対応することです。ずっと目を離さずに見ているというわけにはいきませんが、小さなサインに目を向け、耳を傾けて、即座に対応することが必要です。

二つめは、対応の適切さです。即座に対応されても、それが赤ちゃんの要求に対応したものでなければなりません。おとなは乳児のようすをよく見て、その行動の意味するところを探らなければなりません。そのときのようすからだけではわからないことも多いですが、その日の過ごし方やリズムをふり返って、その行動が何を求めているかを考え、やさしいことばや表情などとともに、あたたかな保護的雰囲気のなかで働きかけるのです。

欲求が充足され、それによる快の感情（気持ちよくなった、お腹いっぱいになったなど）をおとなと共有することで、乳児はただ生理的欲求が満たされるだけでなく、安心し、他者を信頼することを覚えていきます。自分が大切な存在であり、愛されていることを知ることもできます。もしも赤ちゃんからの働きかけに対して、まわりの他者（おとな）がタイミングよく対応しなかったり、その対応が不適切であったら、赤ちゃんはこの「自分は愛され、大切にされている」という実感をもつことができません。それどころか、自分に対する否定的な感情が生まれ、乳児にとって他者は「こわい存在」となってしまい、他者に対する恐怖や不信を学習してしまうのです。

三つめは、いっしょにあそび、情動的交流を図ることの大切さです。生理的欲求の充足における適切な対応が必要であると同時に、いっしょにあそぶなかで楽しいことを共有することが大切です。ゼロ歳児のあそびはゆったりした雰囲気のなかで、一対一で、スキンシップも含めながらいっしょに楽しんでいくものです。決して「特別なことをしなければ」「あそびを教えなくては」と気負って行うものではありません。いっしょに楽しむ気持ちを大切にしながら、あそびをとおして関係をいっそう深めます。

特定の他者との関係を土台に
それ以外の人との関係へ

ここまで「特定の他者」の重要性を中心に話してきましたが、乳児は、この特定の他者との関係を土台にしながら、それ以外の人とのかかわりを経験します。特定の他者との関係は、子ども同士がかかわる・いっしょにあそぶようになるための重要な土台でもあります。家庭においては父親・母親との関係が中心だったものがほかの家族へと広がり、特定の担任保育士でないとまったくだめだった子どもが、ほかの保育士ともかかわれるようになってきます。

特定の他者以外の人に対する「人見知り」も、特定の他者がその人と楽しそうにかかわっている姿を見たり、「先生よ」「○○さんよ」と教えてもらったりして、少しずつ減っていきます。乳児にとって特定の他者以外の人は、特定の他者をとおして、「知らないから不安」な相手から「知っている人」「安心できる人」へと変わっていくのです。

あそびでいえば、「保育者といっしょで楽しい」という気持ちは、他児への関心やいっしょにあそびたい気持ちへとつながっていくのです。保育者は、「見て！　○○ちゃんがいるね」「○○ちゃんがしていること、いっしょにやってみようか」などの声をかけながら、他児や他児の行動へと関心を向け、いっしょにやってみるように乳児にうながしていきます。声をかけてすぐにいっしょにあそぶようにはなりませんが、少しずつ他児の存在を知らせ、いっしょにあそんでみたい気持ちを育てながら、かかわりやすい状態をつくっていきます。

ゼロ歳児保育は「起きている時間が楽しく過ごせているか」が大切であることを前にも述べましたが、起きている時間に大好きな保育者といっしょにあそべることの楽しさを土台に、同じ時間に起きている他児といっしょにあそぶようになると、さらに起きている時間が充実したものになっていくのです。

一人の子どもが、おとなやほかの子どもと豊かな関係を築いていくためには、そのスタートとして、そして土台としての特定の他者との関係が不可欠です。ゼロ歳児のまわりのおとなは、子どものサインを見逃さずに適切にやさしく対応し、楽しいあそびをいっしょにして共感しあうことを繰りかえすなかで、子どもは人間関係の基礎を形成していくのです。

第二章

一歳児の発達と生活・あそび

第一節　一歳児とは

育児休暇制度の整備にともない、一歳児からの保育園入園の希望が増加し、待機児童も増えています。また、途中入園も多いので、一歳児クラスには、ゼロ歳児から入園の子どももいれば、一歳児から入園の子どもも増えてきています。

複数担任のところが多いため、新任や保育経験年数の少ない保育士が担当することも多くあります。一歳児は、自分でできることも増えてくるため、ゼロ歳児よりも保育がしやすいと考えられがちですが、活動性も高くなり、個々の特徴もはっきりしてくるため、ゼロ歳児とは違うむずかしさがあり配慮が必要です。一歳児がゼロ歳児で培ったものが開花する時期であることをふまえて、まず全体像・特徴について述べたいと思います。

意欲の高まる時期――「やってみたい」気持ちを育てる

一歳児のクラスには、少し前に一歳になったばかりの子どもからお誕生日を迎えて二歳になる子どもまでが生活しています。歩きはじめ、話しはじめの子どもから、歩くこと、話すことがとても楽しくなってきた子どもまで、みんな一歳児クラスの子どもたちです。改定された保育所保育指針において、一歳児は「おおむね二歳」「おおむね一歳三か月から二歳未満」「おおむね六か月から一歳三か月」の三つの分類にまたがっています。ゼロ歳児期同様、発達の著しい時期であるといえます。

一歳児の子どもにとって生活のなかで出あう一つひとつのもの・ことは大きな興味の対象です。おとなのしていることを自分もやってみたいという気持ちにあふれています。発達の幅は非常に大きいのですが、一歳児期の一つめの特徴として重要なことは、「意欲の高まり」を大切にする時期だということです。

やってみたい気持ちはたくさんあっても、それが全部「できる」というわけではありません。本人はおとなのようにやっているつもりでも全然違っていたり、それどころか、おとなにとっては困るようなこともします。ティッシュを次々と箱から出す、トイレにおもちゃを落として詰まらせる、家庭で使う電化製品に何かものを入れて取れなくするなどといったことを、保育園や家庭でも実際に経験されているのではないかと思います。この行為はもちろん、おとなを困らせようとしてやっているわけではありません。興味と好奇心にひかれて行動したことが、結果としておとなにとっては「ひどいいたずら」や「困ったこと」につながってしまうこともあるのです。

おとなにとっては必ずしも歓迎できるものばかりではないですが、だからといってこれらを制限・禁止しすぎてしまうと、めばえつつある好奇心や「自分でやってみたい」という意欲を抑えてしまうことになります。もちろん、なんでも自由にやらせるというわけにはいきません。薬品、刃物、やかんやストーブなど、生活のなかには間違って使用すれば子どもにとって危険なものもたくさん存在します。せっかくの探索がケガにつながってしまっては台無しです。安全面には十分に注意したうえで、できるだけ自由に探索・試行錯誤ができることが、子どもの興味・好奇心や自分でやってみたい気持ちを育てるのです。

行動様式の獲得——過程を大切にしたかかわりを

一歳児期の二つめの特徴は、基本的生活習慣の確立に向けての重要な時期であるということです。それまではおとなにやってもらったり、手助けしてもらっていたものを徐々に自分でできるようになっていく時期なのです。具体的には、排泄、スプーンで食べる、歯をみがく、靴をはくなどです。

「基本的生活習慣の確立に向けての重要な時期」というと、どうしても「できるようにさせる」ことに関心が向きがちになり、「訓練的なかかわり」になりがちです。しかし、あくまで一歳児は、基本的生活習慣の確立に「向けて」の時期であり、確立の時期ではありません。「できる」ことではなく「やってみようとする」ことが大切にされるべき時期なので、訓練的な働きかけによって、「やりたくない」という思いを子どもにもたせてしまうのは望ましいことではありません。「やってみたい」という気持ちを尊重しながら、十分に探索・試行錯誤を重ねてできるようになっていく過程を大切にしてかかわります。

できていないことに対しても、「違うよ」と本人のやっていることを否定するのではなく、「〜だよ」とふさわしい方法をことばや実際の援助で教えていくことが大切です。このことによって子どもは、やろうとする気持ちをもったまま、適切な行動・方法を獲得していくことができるのです。

自我がめばえる──「ジブンデ!」「イヤ!」自己主張と気持ちの切りかえ

そして、一歳児期の三つめの特徴は、自我がめばえはじめる「自己主張期」だということです。それまでおとなにしてもらうことを喜び、それに素直に従っていた子どもが急に変化するので、はじめての子育てでは驚くことでしょう。これはとても重要なことです。先に述べた「自分でしようとする意欲の高まり」が、「ジブンデ!」「イヤ!」という強い自己主張として表れはじめるのです。

「ジブンデ!」「イヤ!」と言うので、子どもの意に沿ってさせてみると、思うとおりにはならないことが多く、そこで泣いたり、かんしゃくを起こしたりするのも、この時期によく見られる姿です。ここで、自己主張を押さえ込もうとしたり、「やっぱりできないから」とやろうとする気持ちを取りあげてしまうのは、子どもの意欲をしぼませてしまうだけではありません。自己主張に対して否定的に対応されることは、「自分の気持ちを伝えることはいけないことだ」という思いをもたせたり、自分の思いを抑えてしまう行動につながりやすく、自分の気持ちや思いを表現する力の育ちを阻害してしまうからです。

ここで大切なのは、自分でしたい気持ちを受けとめ、しようとすることに寄りそいながら、できないときに気持ちを収める術《すべ》も獲得させていくことです。「ジブンデ!」と言うからなんでもさせるのでもなければ、なんでも禁止するものでもありません。子どもがいくら望んでも、危険でさせられないこと、たとえやってもできないことはたくさんあります。「危ないからダメ」ということをどう納得させるか、できなくて泣いたり暴れたりするのをどう切りかえさせていくかが大切なのです。いいかえれば、「できないこと」「してはいけないこと」「思うとおりにならないこと」に出あったとき、どうやって自分の気持ちを静め、切りかえていくかを、子どもが学べるようにかかわることが、おとなの重要な役割なのです。

それには受けとめてくれる他者の存在が不可欠です。おとなが自分の表現をしっかり聞いてくれて、しっかり向きあってくれることで、子どもは自分の気持ちを静め、気持ちを切りかえることを学ぶのです。

友だちに興味をもつ——トラブルをとおして友だちとのかかわりを学ぶ

ここまで述べてきたように、一歳児においておとなの果たす役割が非常に重要であることはゼロ歳児期と同様です。それとともに、おとなとの関係を土台に、他児にも目が向くようになり、子ども同士の関係が本格化してくる時期でもあります。友だちのしていることに興味をもち、そのまねをして楽しんだりするのも一歳児の代表的な姿です。それはあそびでの表現であったり、着脱など生活場面で表れたりもします。一人がしはじめると次々とそれが伝染していき、気づいたらみんなでいっしょに同じことをしているといったことも起こります。一歳児では、友だちと何かをいっしょにしながら、共感関係がつくられていきます。

ただ、思いの強さとは反対に、ことばでまだ十分に伝えられなかったり、かかわりの加減がわからず嫌がられてしまったりと、子ども同士のトラブルも頻繁《ひんぱん》に起こります。代表的なものが、ひっかきやかみつきです。きっかけはものの取りあいであったり、保育者の取りあいだったりします。ひっかきやかみつきといった行為自体はできるだけ回避すべきものですが、子ども同士のぶつかりあい自体は、それをとおして他者との関係を学んでいくものなので、大切なものであると考えます。

ここでも大切なのは、保育者の存在と役割です。一つひとつのトラブルを、かかわり方を学ぶ機会へとつなげるのはおとなの役割です。安全を確保しながら、必要ならほかの保育者の応援も得ながら、双方の気持ちを受けとめ、落ち着かせます。かまれたりひっかかれたりした子どもには、「痛かったね」「冷やしたからもう大丈夫だよ」などのことばをかけながら、気持ちを落ち着かせます。かんだりひっかいたりした子どもには、ただ叱るだけでなく、「○○したかったのね」「△△ちゃんといっしょにあそびたかったのね」と気持ちに寄りそいながら、かんだりひっかいたりしてはいけないこともしっかり伝えます。また、「そんなときは貸してって言うんだよ」「いっしょにあそぼうって言ってごらん」など自分の気持ちをことばで相手に伝える適切な方法を教えていきます。根気よく働きかけていくことで、相手の反応を感じることができるようになったり、かかわり方もわかるようになって、トラブルも少しずつ減ってきます。一歳児が「ぶつかりあいやトラブルをとおして友だちとのかかわりを学ぶ時期」であることを十分に理解した保育が求められるのです。

第二節 基本的生活

一歳児は、基本的生活習慣の確立に向けての重要な時期であること、生活のなかで出あう一つひとつのもの・ことは大きな興味の対象であり、おとなのしていることを自分もやってみたいという気持ちにあふれています。その際にも、「できるようにさせる」ことに関心が向きがちになり、訓練的なかかわりになりがちですが、そうではなく、「やってみようとする」ことが大切にされるべき時期です。そこで、「やってみたい」「自分でしたい」気持ちを大切にした基本的生活づくりについて考えます。

睡眠――一人ひとりの生活やようすを見ながら

日中の数回の睡眠を経て、一回睡眠へと移行していくのが一歳を過ぎてからです。もちろん何か月だから何回睡眠に移行するといった機械的なものではありません。一人ひとりの生活やようすを見ながら、家庭と連携しながらの移行になりますが、月齢の高い子どもならゼロ歳児クラスのうちに、月齢の低い子でも一歳児クラスでは一回睡眠に移行します。そこで、十分な休息がとれ、健康で快適な生活が送れるような一回睡眠が大切になります。

睡眠においても、一歳児のキーワードである「自分でしようとする」ことを大切にしたかかわりが保育者に求められます。静かに眠れる空間・雰囲気づくりをくふうし、「自分で寝ようとする気持ち」を大切にして、寝つきにくい子へは援助もしながら、徐々に一人で寝られるようにしていきます。

起きるときも一人ひとりのようすをよく見ながら働きかけます。自分からスッと寝つき、自分でスッキリ起きられるのがもちろん望ましいのですが、保育園での生活リズム・日課を確立していく大切な時期でもあり、夜間の睡眠との関係も考えながら、必要な場合は保育者が起こすこともします。しかしそれも、時間がきたから一律にというのではなく、子どものようすを見ながら、必要に応じて働きかけを変化させることも必要でしょう。

食事――食べようとする気持ちを大切に

一歳児前半の食事において大切にされるのは、ゼロ歳児からの自分から食べようとする気持ちをさらに育てながら、なんでも食べられるようになることです。好き嫌いもはっきりしてきて、好きなものばかり食べる子どもも出てくるので、ほかのものも食べられるような援助が重要になってきます。その際に、「少しでもいいから食べようね」「がんばって食べようね」という励ましが大切であることはもちろんですが、それだけではすべての子どもがなんでも食べられるようになってはくれません。量の調節、手元の食器の場所のくふうなども必要です。少なめに盛りつけて、「全部食べられた！」という満足感が感じられやすくすることも、ときには必要でしょう。この満足感が次への意欲となり、少しずついろいろなものが食べられるようになっていきます。そのようすを見ながら少しずつ量を増やすなど調節して、徐々に質・量ともバランスのとれた食事に近づけていきます。

それとともに、まわりにいる友だちに目が向く時期であることを生かして、「みんなとだったらがんばれる」気持ちを引きだしていくことも重要になってきます。一歳児は、ほかの子どもが食べているのを見て、苦手なものでも自分も食べようとすることが多いものです。そのようすを見て、「○○ちゃんのお皿、空っぽになったよ」などとほかの子どもにも見せながら、たとえ少しの量でも、みんなとがんばれたことをしっかり評価します。そのことでほかの子どもから「すごいねー」と認められたことともあわせて、苦手なものも自分から食べようとする気持ちが育ってくるのです。

一歳児後半には、スプーンを使ってこぼさないように食べることも大切にしていきます。年度のはじめには月齢差・個人差にも配慮して手づかみも認めながら、だんだんとスプーンを使って食べることに慣れていきます。ゼロ歳児の子どもでもスプーンに興味があり、「スプーンで食べてみたい」気持ちはもっています。一歳児ではその気持ちを引き続き大事にしながらも、少しずつじょうずにすくって口にもっていき、こぼさずに食べられるようになるうれしさを一人ひとりに育てていきます。「○○ちゃんのまわり、なんにもこぼれてないね、すごいね！」など、できたことを知らせていきながら、自信をつけさせ、できることを定着させていきます。

排泄――子どもが排泄に気づき、感覚をつかむ

排泄にかんしてはどうしても、おむつが取れること、トイレで排泄できることに目が向きがちですが、一歳児期の排泄で大切にされるのは、排泄したことを知り、「出た！」と気づくという排泄の感覚をつかんでいくことです。尿意を感じ、排泄できるようになるのは一歳を過ぎてからと考えられており、一歳児期が排泄の感覚をつかむのに重要な時期だからです。

生活のなかでは、ようすを見ながらトイレに連れて行ったり、活動の区切りでトイレに誘い、行くようにうながしたりします。トイレにまにあわずに出てしまうことも多いですが、その際にも叱るのではなく、「出たね」と気づかせていきます。月齢の高い子どもたちはまにあわなくてもらしてしまうことがいけないことだとわかりはじめているので、それを強く叱られたり、問い詰められたりすると、排泄に対して神経質になってしまったり、育ちつつある自尊心が傷ついてしまいます。トイレでできたときも失敗したときも、そのつど出たことを気づかせ、「出たくなったら先生に教えてね」と話していきます。

そうした繰りかえしのなかで子どもは、尿意を知り、保育者に知らせたり、自分でトイレに行こうとするようになります。二歳になるころには、ほとんどの子どもがトイレで排泄することに慣れて、失敗することも少なくなってきます。後始末については、まだおとなの援助が必要ですが、少しずつ自分ですることに向けて、知らせたり、うながしたりしていきます。

着脱——着がえることに気持ちが向くように

着脱への意欲はゼロ歳児のときから始まっています。自分でできるのはまだまだ先ですが、着がえさせようとすると自分から足を出したりします。そのたびに「あんよ入ったね」などと話し、楽しく着がえができるようにうながします。一歳児クラスになると自分でする意欲がもっと強くなったり、逆に「イヤー！」と逃げ回ったりする姿も見られるようになります。

その際は、食事において述べたこととも共通しますが、まわりにいる友だちに目が向く時期であることを生かして、友だちの姿を見せたり、ときには応援してもらったりと力を借りながら自分で着がえることに気持ちが向くようにします。そしてできたことをしっかりほめて、次の意欲につなげます

二歳になるころにはスナップやボタンへの興味も生まれて、自分からしてみようとします。「見ててあげるから自分で留めてみようね」など、できるだけ一人でできるように励まし、「できた！」という達成感が味わえるようにします。自分でしたい気持ちは強くてもまだ十分にはできないので、家庭と相談しながら子ども自身で着脱しやすい衣服を選ぶことも大切でしょう。

自分でできるようになってくると、友だちのパジャマのスナップを留めてあげようとする姿も出てきます。それ自体は友だちへの興味ややさしい気持ちの表れで大切なことなのですが、特定の子ども（多くの場合、月齢の低い子ども）がやってもらうばかりになるの

は、本人の「自分でやりたい！」という意欲を軽減させたり、できるようになる機会を狭めたりするので、望ましいことではありません。友だちにやってもらいながらスナップやボタンに興味がもてるように知らせていき、自分ですることへの意欲を育てます。お手伝いをしてあげたい子どもには、その気持ちはつぶさないようにしながら、「○○ちゃんは自分でボタンを留めるから、いっしょに見て応援してあげようね」などの声かけをして、一人ひとりが取りくめるようにすることも必要です。

ここまで一歳児の基本的生活について述べてくるなかで、何度も「しようとする気持ち」「友だちといっしょに」などのことばが出てきました。それは一歳児の基本的生活が、自分からやってみようとする意欲や、生まれはじめた他児への関心と深くつながっていることを意味しています。いいかえれば、一人ひとりが「自分でできるようになっていく」時期であると同時に、「友だちといっしょにできるようになっていく」時期でもあるのです。一人ひとりを切り離して、訓練的に「できること」を追求するのではなく、友だちを感じ、友だちに励まされたり励ましたりすることを大切にすることで、一歳児にとって快適な生活はつくられていくのです。

第三節

自我の育ち

一歳児を理解するうえで欠かせないことの一つに自我の育ちがあります。第一節で一歳児では「やってみたい」「自分でしたい」気持ちを大切にした基本的生活づくりが重要であると述べました。このことは、自我のめばえ、「イヤ!」という自己主張、「思うとおりにならない経験」などと密接に関係しています。ここでは、自己主張に着目しながら、自我の育ちについて考えます。

「自分なりの心の世界」の誕生――自我を「イヤ!」で表現

「自我」とは、他者とは違う自分を意識し、自分を発揮したいと思う心の働きです。ことばを変えれば、自我のめばえとは、「自分なりの心の世界」の誕生です。それまでおとなのいうことに従順に従ってきた子どものなかに、「おとなとは違う」という気持ちと「いいなりに行動したくない」自分が生まれてきたのです。

とはいっても、一歳児は自我がめばえたばかりで、十分に育っていくのはまだまだ先のことです。だから一歳児では、自我は「イヤ！」という反発・拒否・否定の形で表現されることが多くなります。一歳児の子どもが「〜がイヤ！」というと、おとなは「じゃあ、こっちはどう？」などと対応しようとしますが、この「イヤ！」は中身や内容に向けられたものとは限りません。大好きなことでも「イヤ！」ということもあるのです。中身をちゃんと聞かないうちから、それどころか、いおうとするとすぐに「イヤ！」ということも多く、中身や内容というよりも、いわれること、指図されることそのものがいや、ということも多いのです。一歳児の子どもがいう「イヤ！」という表現は、「〜がいや」という具体的な否定というよりも、おとなとは違う自分の独立性や主体性の主張の性格が強いといえるでしょう。

他者と自我とのぶつかりあい——折りあいをつける力が育つ

この時期の一歳児の子どもは、おとなからの声かけに対して拒否することが多くなるため、家庭では親と、保育園では保育者と「ぶつかる」ことも多くなります。このことをただのぶつかりあいで終わらせるか、それとも他者の自我とぶつかりあいながら、折りあいをつけていくことを学ぶ大切な機会にするかは大きく違います。「イヤ！」「ジブンデ！」ということばには、「もう赤ちゃんじゃない！」「いちいちいわないで！」「自分で決めたい！」という思いが込められていますが、それがどこまでとおるのかが一歳児の子どもにはまだわかっていません。自己主張がどこまで相手につうじるかをおとなに対して試してみたりします。どんなにいっても「イヤ！」の一点張りだったり、いつもは機嫌よくすることを強行に拒否してみたりという姿は、「これがどれくらいつうじるのか」を試しながら、どうしたらいいかを選択していこうとしている姿なのです。

子どもが自分を主張しながら、他者の自我とぶつかりあい、折りあいをつけていくことを学ぶことができるためには、真正面から対峙するのではなく、尊重しながら気づかせていくかかわりをしてくれるおとなが必要です。具体的にどのようなかかわりが必要なのかについてはあとで述べます。

意欲と「つもり」の育ち――自己主張がさかんになる理由

一歳児で「ジブンデ！」や「イヤ！」という自己主張がさかんになってくるのには理由があります。自己主張は表象とつもりの成立と密接に関係しています。おとなが「片づけようね」「着がえようね」とことばをかけることで、子どもは「片づけ」「着がえ」の表象＝イメージを描くことができます。

表象が成立してくるのにともない、子どものなかには「つもり」ができてきます。保育のなかで「つもり」というと「みたて・つもり」あそびがすぐに思い浮かびますが、ここでいうつもりとは、「目の前にないもの」をめざして働きかけることであり、見通しや自分なりの「予定」のようなものです。「手を洗って、ご飯を食べようね」といったことばがけは日常的によくされると思いますが、これも目の前にある「手を洗う」という行為だけでなく、その次にくる「ご飯を食べる」という行為（楽しみ）を同時に子どもに伝えることばがけになっています。子どもはそれを受け、「ご飯を食べる」気持ちになりながら手を洗って準備します。自分のなかで「～な気持ちになる」というのが「つもり」です。一歳児はまだ遠い見通しはもてません。しかし、先にある「何か」を楽しみにしながら今、目の前にあることに取りくむことができるようになってくるのです。

自分のなかで「～な気持ち」になっているからこそ、かなったときの喜びは大きいし、逆にそれを妨げられたときには拒否の反応をします。それが「イヤ！」や「ジブンデ！」です。手を洗って「さあ食べるぞ！」という気持ちになっているのに待たされている状態を思い描いていただければわかりやすいと思います。じっと座っていられなくなったり、イスをガタガタしたり、スプーンで何かをたたいたり、手を伸ばしたりするでしょう。おとなからすれば行儀の悪い行動かもしれませんが、子どもにすれば、自分のつもりがなかなか実現しない状況ですから、それを主張する言動が発生するのは当然のことといえます。

以上のように、「イヤ！」とか「ジブンデ！」という自己主張は、子どものなかに「～したい」という意欲の表れであるとともに、「しようとする気持ちになっている」つもりの育ちの表れでもあるのです。

「ジブンデ！」がかなう喜び――子どもが自分でできるような援助を

「イヤ！」という拒否とともに「ジブンデ！」という主張も典型的な一歳児の自我の表

れです。生活のなかでもこれまでは「やって〜」と甘えることが多かったのに、やってあげようとすると「ジブンデ！」と怒り、結局できなくて泣いてしまうということもしばしば見られます。おとなにやってもらえば、短時間で、きれいに、苦労なくできることでも、それではいやで、自分でやりたいのです。三歳児の「一人前意識」のように「できる」と思っているわけではなく、とにかく「自分でやりたい！」「自分を主張したい」のです。

おとなは「できないからまだダメ！」といってしまわずに、「ジブンデ！」という思いがかなうように援助していくことが必要になります。「やってあげる」から「自分でできるように援助する」ことへとかかわりを変えていくのです。もちろんすぐにはできませんし、できないことで泣いたり怒ったりしてしまうのですが、それにつきあいながら、できていなくてもがんばったことを認めながら、どうやったらできるかを教えていきます。そのことで子どもは「ジブンデ！」ということが悪いことではないこと、がんばったらかなうことを知っていくのです。

「イヤ！」に寄りそう大切さ——自我のめばえを育てるために

拒否や主張の形で表現される自我を育てるために欠かせないものがあります。それは、一歳児なりの意欲やつもりに共感し、それを大切にしてくれる他者（おとな）の存在です。ただし、ここでの「共感」は「言いなりになる」ことではありません。他者の自我・思いと自分の自我・思いとの間に折りあいをつけていくことを子どもが学ぶためには、子どもの思いを尊重しながら、おとなの思いや考えを子どもにわかるように伝えていくことが必要になります。「片づけようね」といっても「イヤ！」とやめなかったり、「これを着なさい」といっても着ようとしなかったりするときに、「片づけなさい！」「着なさい！」と一方的に強制するだけでは、めばえつつある自我の芽を摘みとってしまうことになります。

おとなには、自我のめばえを育てるような対応が求められます。具体的には、「片づけたくないの？」と子どもの気持ちをことばにして表したり、「寒くなったから着たほうがいいと思うんだけど」と、おとなの思いや考えも伝えたりします。そのことによって、自分にも相手にも気持ちや考えがあることを子どもは知っていきます。それを知ったうえで子どもは、どうしたらいいのかを考え、気づいていくのです。

そこで、「イヤ！」や拒否に対して「〜にする？ それとも〜にする？」と子ども自身に決めさせることも大切になります。このかかわり方は、「誰かにいわれてするのはいや！」「自分で決める！」という思いに応えることであって、「子どもの拒否に対しては選択肢を与えて選択させせましょう」というようなマニュアルではないし、「そうすればやってくれる」という技術的なもの、子どもを動かす手段ではありません。そうではなくて、「いわれるのはいや！」「自分でしたい」と思っている子ども自身に、考え、決定する機会を保障することで、めばえはじめた自我を確固としたものに育てていこうとするかかわりなのです。

以上のように、自我のめばえにおいて他者の存在は重要ですが、その「他者」とは、おとなだけを指すわけではなく、子ども同士の関係も重要です。それについては第六節で述べることにします。

第四節
認識とことば・感情の育ち

一歳児期は、ことばが急激に発達する時期でもあります。ここでは、自我も育ち、自分でやりたい気持ちも強くなる一歳児期のことばの発達について述べたいと思います。

ことばの発達――ひとことに思いがいっぱい

① 一歳児でことばが急激に豊かになるのは

一歳児の保育はことばの発達の点から見ると、大きな変化にあふれています。年度はじめにはまだ十分にお話ができない子どもも多いのですが、だんだんとことばの数も増え、一語文、二語文、三語文とことばが増え、コミュニケーションが広がっていきます。

なぜ一歳児期にことばが急激に発達するかについては明らかでないことも多いのですが、「象徴機能」の発達がかかわっていると考えられています。象徴機能とは、そこにはないものを別のものによって表す働きのことです。「生活再現あそび」のなかで、石をアメにみたてたり、プリンカップに入れた砂をプリンやケーキにみたてたりできるのは、この象徴機能が発達してきたからだと考えられています。二歳児においてさかんになるつもりあそびも、自分が他人の役を演じるという意味で、この象徴機能に支えられているといえます。

一歳児の初期は、「一語文」と呼ばれる一語発話の形が多く見られます。話しているのは一つの単語ですが、そこにはいろいろな意味が込められているので「一語文」と呼んでいます。たとえば「ブーブー」という一語発話であっても、「車が走っているよ」であったり、「車に乗せて!」であったり、「車が見たい」だったりします。一歳児の一語文は、一つのことばのなかに思いがいっぱい込められているのです。

この一語文の時期を経て、単語数が増加してくると、「ニャーニャー　イタ」「コレ　ヨンデ」「コレ　スキ」といった「二語文」と呼ばれる発話の形が現れはじめます。「一語文」では、「マンマ」という子どものことばを聞いて、聞き手であるおとなが「ご飯ちょうだい」といっているのだろうと推測したり、読みとったりすることで、子どもの思いが相手に伝わります。

それに対して「二語文」は、「マンマ　チョウダイ」と子どもの伝えたいことがとてもわかりやすい形で伝えられています。たった二語からなる文ですが、その組みあわせによってさまざまな気持ちを表現できるようになるのです。

「二語文」に慣れてくると、さらに三つ、四つのことばからなる「三語文」「四語文」が話せるようになってきます。一歳児になると急にたくさんお話ができるようになったと感じられるのは、ことばの数が増えるだけでなく、それを組みあわせて話し、自分の思いを一生懸命伝えようとするからなのかもしれません。

②「イヤ!」のことばに隠されたもの

一歳児期は自我のめばえにともない、「イヤ!」「ジブンデ!」という自己主張が強くなることは何度も述べたとおりですが、この「イヤ!」ということばに込めた子どもの思いや意味を探り、理解していくことが一歳児の保育において非常に重要です。

その手がかりとなるのが、ことばがもつ多様な役割です。一歳児の子どもが、犬を指さして「ワンワン」あるいは「ワンワン　イル」といったとします。そのとき周囲のおとなは、子どもが「犬がいるよ」と知らせようとしていると考え、「ワンワンいるね」などとことばを返します。しかし、子どもにはもう一つ、おとなに伝えたいことがあります。それは、「びっくりしたよ」「かわいいね」などの驚きや感動です。つまり、犬がいるという事実だけを伝えたいのではなく、驚きや感動といった感情を同時に伝えようとしているのです。

神田英雄さんは「豊かなことばを育てるために」（『ちいさいなかま』№２５１号）で、「伝える原点は、認識的経験と感情的経験の両方を相手と分かち持つことにあるのではないでしょうか」と述べています。このように、子どものことばは単なる事実の伝達のために使われているのではなく、信頼できる他者に自分の思いをいっしょに感じてもらいたいと思って発せられるものなのです。

そこで、「イヤ!」ということばによって子どもがおとなに伝えようとしているものは何か、ということですが、そのことばにはその子どもなりの「思いと判断」が入っており、それが「イヤ！」というひとことに集約されて表れたと考える必要があります。「トイレに行こうね」といわれて「イヤ！」となるのは、「今はまだ出ない」という考えだったり、「トイレに行っているうちにおもちゃを取られるかも」という心配だったり、「誰かにいわれたくない、自分で決めたい」という自我の表れだったりします。

だからおとなは、「イヤ！」ということばにどんな思いやその子なりの判断（間違うこともありますが）が含まれているのかを読みとり、その思いに共感しながら、行動をうながします。そうしたやりとりを繰りかえすことで子どもは、信頼できるおとなに自分の思いをいっしょに感じてもらえたことによる大きな喜びを感じることができます。そして、その安心と信頼を土台に、ただ「イヤ！」ではなく、「まだ出ない」「あとで行く」「自分でする」など、ことばで自分の思いや考えを伝えることができるようになっていくのです。

③二歳前後の「質問期」

一歳児期のことばの発達においてもう一つ特徴的なことは、「質問期」と呼ばれるほど質問が活発になってくることです。「質問期」は大きく分けて二つあります。「第一質問期」と呼ばれるのはおおむね二歳前後の時期です。この時期には「コレ ナーニ？」といった名前を尋ねる質問が多発されます。おとなをつかまえては、まわりにあるものについて手当たりしだいに「コレ ナーニ？」と聞いてくることもあります。

このあとに、「第二質問期」と呼ばれる時期があります。名前をたずねることが中心だった第一質問期に比べると、質問内容も変化し、「ナゼ？」「ドーシテ〜ナノ？」など理由をたずねることが増えてきます。これはだいたい二歳半を過ぎるころから始まるので、月齢の高い子どもなら一歳児クラスの間に、月齢の低い子どもなら二歳児クラスになってから表れてきます。どちらの質問期も、おとなを困らせようと思ってしているわけではありませんが、忙しいときなどは困ってしまうこともありますよね。ついつい「あとでね」と言ってしまいがちにもなります。しかし、この質問こそ、ことばや認識の発達にとって大きな役割をもつものです。この「コレ　ナーニ?」「ナンデ?」という質問は、好奇心がますます旺盛になってきている証拠なのです。忙しいときなどには大変ではありますが、子どもの「コレ　ナーニ?」「ナンデ?」という質問に対して、「チューリップよ」「長靴って言うのよ」「寒くなったからお水が凍ったのよ」などと対応することが大切です。

その際、「科学的に正しい」かどうかだけにこだわる必要はありません。大切なのは、そのとき子どもが感じた「なんだろう?」「ふしぎだな!」という気持ちをおとながいっしょに感じてくれた、分かち持ってくれたということなのです。質問の答えによって知っていることばの数が増えていくこと以上に、この「伝わるうれしさ」こそが、豊かなことばを育てるのです。

④ みたて・つもりをとおして広がることばの世界

お人形、積み木、ブロックなどを使って、生活のなかにある身近な動作をする「生活再現あそび」「模倣あそび」についてはあとに述べますが、このあそびのなかで子どもたちは、実にたくさんのことばを話しています。それは「オニギリ」「アイス」などといって食べるまねをしたり、「ギューニュー」といってコップで飲むまねをしたり、「ネマショーネ」といってお人形をトントンして寝かせるまねをするといった姿として家庭や保育園のなかでよく見られます。この姿を「知っているもの総動員のあそび」と呼ぶことがありますが、ことばの点からいえば、「知っていることば総動員のあそび」ともいえます。はじめはものをみたてて「○○」と名づけるだけですが、だんだんとおとなの「にんじんください」という声かけを受けて「ハイ、ドーゾ」といったやりとりへ発展し、それにともなってことばも広がっていきます。

まだ子ども同士でやりとりを楽しむまではいきませんので、おとなが入りながら働きかけ、やりとりが楽しいことを実感させていきます。自分から話しかけるだけでなく、子どもの発語に対してもていねいに受けとめ、返していくことで子どもは、「ことばを使ってあそぶことが楽しい」ことを知り、これまでの生活で覚えたことばを使ったり、おとなのことばを吸収したりしながら、ことばが豊かになっていくのです。

イメージする力の育ち――「みたて」と「見通し」

①「みたて」を支える「記憶」

みたてが生まれはじめる時期は、ことばが豊かになり、見通しがもてるようになる時期と重なっています。つまりみたては、子どもの内側で、言語・認識が発達してきていることと呼応して生まれてくるのです。「みたてる」というのは別のものを使って「実際にはないもの」をイメージのなかに存在させることですし、見通しをもつというのも、今やっていること（手を洗うなど）とは違う別のこと、次にすること（ご飯を食べるなど）をイメージとしてもつことができるからこそ成立します。

このみたてや見通しの発達において「記憶」が大きな役割を果たしています。ここでいう記憶の役割は、①自分の身に起こったできごとを記憶することができるようになったこと、②それを「イメージ」として再現できるようになったこと、です。一歳児は自分に起こったできごとを自分のなかにとどめ、それをイメージとして蘇《よみがえ》らせることができるようになっているといえます。再現したくなる・再現できる生活が子どものなかに記憶され、それを必要なときにイメージとして蘇らせることができて、生活再現あそびは生まれるのです。

②一人ひとりの個性的なイメージ

ひと口に「イメージする力」といっても、子どもたちのイメージは一人ひとり実に個性的でユニークです。それは、イメージのもとになるものが一人ひとりに起こった「個人的で主観的」なできごとだからです。たとえば、「犬」といういつも使っていることばでも、そのことばから子ども一人ひとりがどのようなイメージを思い描くかは、生活経験、しかも印象に残ったできごとによって大きく変わります。家で犬を飼い、いっしょに生活している子どもにとって、犬のイメージはかわいくて、人になついているものでしょうし、犬でこわい思いをしたことのある子どもの場合は、それはこわいイメージにならざるを得ません。まだ、犬一般、犬全般に対する知識をもっているわけではないため、自分の知っている身近な犬からイメージをつくっているためなのです。

加えて子どもは、自分のイメージを同類のものにあてはめて一般化しようとしてしまう傾向にあります。自分の飼っている犬が小型犬であれば「犬とは小さくてかわいいもの」というイメージに固定化されやすいなど、「〇〇はこんなもの」「△△はこれ」と思ってしまいます。このことは、個別と一般の混同、個別と一般の区分の不明確という意味では、思考の「未熟さ」ともいえますが、逆にいえば、個人的な性格の強いイメージ的な思考だとも言えます。学童期やおとなと比べて、「未熟である」と見るよりも、自分の経験から生まれたイメージをもとにした乳幼児期固有の思考のしかたとして、大切にしなければならないと思います。

③一歳児期のイメージの発展

一歳児期をとおして、漠然としたものから少しずつはっきりしたものへ、イメージする力は変化していきます。同じ食べるような行動においても、「何かの食べもの」というくらいの漠然としたみたてから始まって、「赤いトマト!」といったそのものがもつ属性（色、形、大きさ、味など）を含んだみたてへと、イメージは鮮明なものへと変化してくるのです。

イメージが鮮明になってくると、そこから次々に新しいイメージやそれに合った行動が浮かんでくるのも一歳児の姿です。「うどん」が「熱いうどん」になると「フーフーしないと!」「やけどするよ」ということばや行動になり、「おにぎり」が「大きなおにぎり」になることで「アーン」と、とても大きな口をあけて食べるまねをしたりします。この「うどん」と「熱いうどん」、「おにぎり」と「大きなおにぎり」は単に形容詞がついただけの表現の違いではありません。子どものなかに生まれているイメージの違いなのです。

そのため、生活再現あそびのなかでは「注文」（相手への要求）が多くなってきます。

お皿に砂を入れてせっせと運んできてくれたことに対して、「モグモグおいしいね、ごちそうさま」といつもどおりのやりとりをしていると、「違うよ！　カレーなんだからスプーンで食べなきゃ」など、ふさわしい行動を要求してきたりもします。

保育者だけでなく他児に対してそれが行われることがありますが、他児はそれを理解できずにとまどってしまったり、けんかになったり、泣いてしまったりということも起こります。このことは「わがまま」や「意地悪」ということではなく、それぞれのなかに生まれた「自分なりのイメージ」の違いであり、まだことばによって十分に伝えあえないことからきているだけです。みたてをめぐってのトラブルが生まれることを、子どものなかに明確で鮮明なイメージが生まれてきていることととらえ、援助する必要があるのです。

④ 絵本の世界を身体で楽しむ

「イメージする力を育てる」と聞いてすぐに思い浮かべるのが、絵本の読みきかせではないかと思います。絵本は子どもに楽しい時間と現実とは違う「別の世界」を提供してくれるすばらしいものです。しかし、一歳児にとっては、絵本の内容そのものが直接子どもたちのイメージする力を育ててくれるのではありません。もっと年齢が上の子どもであれば、絵本を自分で見て、イメージすることを楽しみ、結果としてイメージする力も育っていくかもしれません。しかし、一歳児の子どもはまだその段階にはないので、そこには絵本の世界をとおして子どものイメージする力を育てようとするおとなの存在が不可欠です。

絵本とその世界を大切に考える保育者のなかには、絵本の世界を十分に味わわせたいと思うあまり、「静かに聞くこと」を求めがちな人が見られます。静かにして絵本の世界に入り込むことは大切なことだと思うのですが、一歳児の子どもたちにふさわしい絵本の楽しみ方かというと、そうとばかりもいえません。むしろ、「クマさんだ！」など登場する動物の名前を呼んだり、主人公のまねをしていっしょに何かを食べるふりをしたり、主人公の危機に「○○ちゃん逃げて！」と叫んで応援したりする姿のほうが自然です。

絵本を読みきかせてもらいながら、話したり、やってみたりして、子どもたちは絵本を楽しみます。まさに、「見る」「聞く」だけでなく、「話す」「まねをする」も含めて身体全体で絵本を楽しむ、絵本とあそぶのです。名前を呼ぶ、ふりをする、大きな声で応援する、といった行動をとおして、子どもたちのイメージの世界は広がっていくのです。

絵本がただ目の前をとおり過ぎるのではなく、印象・記憶に残る経験となり、イメージの豊かさにつながっていくためにも、不必要な静止（ほかの子どもの邪魔やトラブルは解決しなければなりませんが）を極力少なくして、子どもたちと絵本の世界を身体全体で感じ、楽しんでほしいと思います。

⑤「ふしぎだな」につきあう

最後に、子どものなかに豊かなイメージが生まれ、それが幼児期にふさわしい知的な発達につながっていくことを見通して、「ふしぎだな」につきあってくれるおとなの重要性について述べたいと思います。

一歳児は「質問期」と呼ばれるほど質問が活発になってくること、「コレ　ナーニ?」（名前をたずねる）から、「ナゼ?」「ドーシテ～ナノ?」（理由をたずねる）に質問自体も深まっていくことについて述べました。これらの質問は、子どもたちの「ふしぎだな」と思う心、知的好奇心の発露です。これまでの生活経験ではわからないことが出てきたとき、子どもは身近なおとなに、「コレ　ナーニ?」「ドーシテ~ナノ?」と質問をします。質問をしている子どもの頭のなかには、「こうかな?　違うかな?」など、いろいろなイメージが浮かんでいるのです。だからこそ、「正解」「正しい知識」を伝えることにこだわりすぎず、子どもがイメージしている世界に寄りそい、それをいっしょにおもしろがることが大切だと考えます。「おもしろいこと考えたね」「自分で考えたの?」など気づいたこと、発見したことを受けとめ、共感する姿勢がおとなに求められるのです。

一歳児時点での子どものイメージは、限られた生活経験に規定され、個人的かつ主観的で、科学的に見れば誤りも含んだものです。しかし、二歳児あるいはそれ以降の子どもたちの生活において、みたててあそんだり、見通しをもって生活したりするためには欠かせない力だと考えますし、他者の気持ちや思いに気づくためにも不可欠だといえます。「ふしぎだな」を出発点に、イメージする力を育て、あそびを楽しめる、見通しがもてる、友だちの気持ちが考えられる子どもに育てていきたいと思います。

感情の発達――不安と「こわい」

一歳児は、自我が育ち、自己も強くなります。元気で、おとなのいうことをなかなか聞かない「やんちゃな」イメージの強い時期ですが、こうした「イヤ!」「ジブンデ!」という自己主張の裏側で、実に繊細な感情をもちはじめています。ここでは、一歳児の不安と恐怖に焦点を当てて述べてみたいと思います。

① 新しい環境への不安

一歳児保育の経験がある保育者やゼロ歳児から保育園を利用している保護者なら「そうだった、そうだった」と共感してもらえると思うのですが、ゼロ歳児よりも一歳児のほうが、登園の際に泣いてなかなか離れなかったり、家に帰ってからべったり寄ってきたりという姿が見られます。「機嫌よく保育園に行っていたのにどうしたのかな?」と不安になった経験のある方も多いかと思います。

三重県名張市の公立保育所研究発表検討委員会が「子どもの不安の実態」としてあげているのは、①親と離れている不安、②新しい環境(生活)に対する不安、③まわりの子どもに対する不安、④あそびに対する不安、⑤思いどおりにならない不安、です(『発達』№96号 ミネルヴァ書房を参照してください)。慣れ親しんだ家庭やゼロ歳児の保育室から知らない一歳児の保育室に変わったことで、子どもたちは「何かこれまでとは違う」状況を感じて、不安が生まれます。一歳児は「つもり」をもち、ごく近い見通しであっても、先にある「何か」を楽しみにしながら、今目の前にあることに取りくむことができるようになってくることを述べました。その点から考えても、ごく近い見通しや先にある楽しみが見えにくい新しい状況は、一歳児に不安をもたらすものだといえます。はじめからある「親と離れている不安」に加えて、新しい保育室・担任のなかで生活することは、私たちおとなが考える以上に一歳児にとっては大きなものなのかもしれません。

ただ、この「不安なようす」は、決して否定的なことではありません。それどころか、ゼロ歳児に比べて、周囲の状況やその変化を感じる力がついてきたことによるもので、いわば成長してきている証拠です。ゼロ歳児も、自分に見える、または手の届く範囲の周囲に興味はありますし、探索活動もします。しかし一歳児は、ゼロ歳児以上にまわりがよく見えてきて、知っているものと知らないもの、前からのものとはじめてのもの、知っている人（前の担任）と知らない人（新しい担任）の区別がつき、「それまでどおり」が通用しないことがわかってきて、そのことで不安を感じてしまうのです。こうした新しい環境に子どもが慣れて、安心して過ごせるようになるには、おとなの役割が非常に大きいといえます。

②お友だちに対する不安

一歳児では、新しい環境での不安に加えて、新しいお友だちに対する不安も大きくなります。現在は、ゼロ歳児からの入園よりも一歳児からの入園が多くなってきている自治体もありますから、はじめての入園の子どもたちはもちろん、ゼロ歳児から入園している一歳児でも、新しいお友だちも増えることで、興味とともに不安をもちます。

友だちに対する不安は、ゼロ歳児のときから見られるとされていますが、ゼロ歳児のときには自分の領域に入ってこられる不安と、かかわりあいに対しての不安が中心です。一歳児になるとそれに加えて、好きなおもちゃ、好きな場所などが友だちと重なることで、要求をとおそうとして、取りあいになったり、押す・かみつく・ひっかくなどのトラブルが生じがちになるので、その不安はいっそう大きくなります。おとなはそのつど「こっちにもあるよ」「貸してっていおうね」などと仲裁に入るのですが、お互いになかなか受け入れられずに衝突してしまうこともしばしばです。このことの繰りかえしのなかで、他者とのかかわりに不安をもつようにもなります。

ただ、ここでのお友だちに対する不安は、三歳児ころに出てくる「○○とあそびたいのにあそんでくれない。どうしたらいいか？」といった「特定の他児への不安」とは異なっています。まだ他児への関心が高まってきたという段階であり、だからこそ「ほかの子どもが持っているもの」に目が行き、それが欲しくなってものの取りあいといったトラブルにもなるのです。新しいお友だちが増えることで、衝突・トラブルへの不安が出てくることは成長の過程で当然のことなのですが、このことを他者やかかわりそのものへの不安につなげないようにすることが肝心です。ぶつかったり、受けいれてもらえなかったりしながらも、他者に対してかかわろうとする意欲を失わせないようにすることが大切なのです。

③「こわい」がわかる

新しい環境やお友だちに対しての不安が生まれるこの時期は、「こわい」という感情が生まれる時期でもあります。「こわいもの」の代表は、おばけだったり、オオカミだったり、暗さだったり、一人ぼっちだったりとさまざまです。さらに、風の音、大きな音、おとなと離れること、友だちから少し遅れてしまうことなど、こわいことも増えていきます。そんなときには何より安心できるおとなを求めます。保護者や保育者にギューッとくっついて、「大丈夫だよ」「ここにいるよ」「おばけはいなくなったよ」「やっつけたからね」などと声をかけてもらって、やっと落ち着くということがよく見られます。子どもはおとなにくっつくことで、ことばだけではなく、身体で「誰かに護られている」ことを実感しているのだと思います。

しかし、「こわいもの」が全部嫌いかというとそうでもありません。それどころか、おばけやオオカミの出てくるお話が大好きで、こわがりながらも読んでもらいたがったりします。一歳児は、「こわいけど聞きたい」「見たいけどやっぱりこわい」という揺れ動きのなかで、安心できるおとなといっしょだったら、大好きなおとなが読んでくれる、語ってくれる話なら、こわがりながらも楽しみます。こうして子どもたちは、「うれしい」「楽しい」だけでなく、「こわい」という感情を覚え、少しずつ感情の起伏が豊かになっていくのです。

④ おとなは安心をもたらす存在に

ここまで述べたように一歳児は、ゼロ歳児よりもずっとずっと複雑な感情をもつようになります。そこで大切なのが、すぐ近くにいるおとなの存在です。まず必要なことは、不安やこわさを受けとめることです。「子どもだから」「たいしたことではない」とそのままにしたり、受け流してしまうのではなく、その不安やこわさに共感し、安心させます。特別なことではなく、「違う場所に変わったから、あれ？ ないなーって思ったね」「わからなかったからびっくりしたね」と子どもの思いを代弁していくだけで十分です。抱っこしたり、背中をなでたりと、スキンシップもはかりながらことばをかけることでも、不安なときやこわいときにはお父さん、お母さん、先生たちがいるから大丈夫だと子どもたちは感じることができます。

逆に不安やこわさを否定したり、「しっかりしなさい」「泣いちゃダメ」といってしまうと、子どもは、不安になることやこわいという感情を「よくないこと」と感じてしまい、表現せずに隠してしまうようになります。不安になること、こわいと感じることをしっかり受けとめ、落ち着くまでしっかりそばに寄りそうことが必要なのです。

次に必要なのは環境構成のくふうです。見通しがもてず、それまでのことが通用しないことから子どもの不安は生まれるので、新しい環境であっても見通しがもてるようにすることが大切です。一歳児の保育室には、ゼロ歳児とは違う活動性の確保は必要ですが、その点には配慮しながら、生活上の見通しがもちやすい動線、ものの配置、あそぶ場所などをくふうします。子どもにとって見慣れたもの、使い慣れたものは見通しや安心の手がかりになりますので、子どもにとって安心できるものを部屋の子どもの目につく場所に置くなども必要なことかもしれません。

最後に、援助のあり方についてですが、子どもの示す不安なようすに対して、ただ「大丈夫だよ」というだけでなく、大丈夫さの「根拠」になるものを、具体的に、子どもにわかることばで、行動とともに示すことが大切です。たとえば、「○○くんのマークここについてるね、ここにタオルかけようか」と指さして示しながらうながしたり、「△△ちゃんも使いたかったからダメっていったんだよ。使ってないときに使おうね」などとそばに寄りそいながら話したりすることで、見通しや理由がわかり、不安は軽減されていきます。

こわさに対しても、子どもから見える位置におとながいることで、お母さん（先生）がそばにいるから大丈夫だということが感じられ、子どもはずいぶん安心します。「こわくなくなるおまじないをかけたから、もう大丈夫だよ」などと子どもの心を和らげるようなことばがけも有効でしょう。生まれはじめた複雑で繊細な感情を理解し、大切にしてくれる他者の存在があって、子どもの情緒は安定し、感情が豊かに育っていくのです。

第五節 あそび

第一章で、ゼロ歳児のあそびの代表として「おもちゃなどを動かしてあそぶ」「感覚あそび・運動あそび」「いない　いない　ばあ」「マテマテあそび」をあげました。ここでは、それがどのように変化・発達していくかも含めて、一歳児の代表的なあそびについて述べてみたいと思います。

一歳児の代表的なあそび

①固定遊具も使った全身でのあそび

ゼロ歳児の全身を使ったあそびの代表は、たかいたかいをしてもらう、ゆさぶってもらう、くすぐってもらう、「お船はぎっちらこ」をするなど、おとなからの働きかけを中心としたものです。そのなかで子どもは、動くことを楽しみ、その感覚を楽しむようになります。それを土台に一歳児では、「自分で」「自分から」対象に働きかけたり、行動したりを楽しむあそびへと発展していきます。箱を押してあそぶ、自動車などを引っぱる、ボールを転がすといったあそびはゼロ歳児期にも見られますが、それに加えて、乗り物をこいであそぶ、三輪車に乗って押してもらってあそぶといった活動を楽しむようになります。

さらにブランコ、すべり台、ジャングルジムといった固定遊具で積極的にあそぶようになるのも一歳児です。ブランコに乗って押してもらって楽しんだり、すべり台に這って登って行き、腹バイで滑り降りてきたりするようになります。

動きがダイナミックになり、移動範囲も広くなるので、安全への配慮はもちろん重要ですが、危険の回避ばかりに目が行って、子どもの行動を制止・規制するばかりではその楽しさは実感できません。「手をしっかりつかんでてね」「お友だちが終わってからね」など、しっかりつかまる、他児との距離をしっかりとる、などの注意を十分にし、速さをおとながある程度コントロールしながら十分に楽しめるようにすることが大切です。

②追いかけるあそび

ゼロ歳児の代表的なあそびである「マテマテあそび」は、おとなが子どもを「マテマテ」といいながら追いかけるあそびですが、一歳児になると子どもがおとなを「マテマテ」と追いかけるあそびも楽しむようになります。

これまでの追いかけてもらう、つかまることを楽しむあそびに比べると、自分がおとなをつかまえるのですから、その達成感は格段に大きく、「やった!」という充実感、「できた!」という喜びを実感できるあそびだといえます。こうして「追いかけてもらう楽しさ」から「追いかける楽しさ」にあそびが広がっていきます。このあそびは二歳児以降の「追いかけっこ」や三歳児以降の「オニごっこ」につながっていくものです。

追いかけるあそびを子どもが楽しむために、おとなは走る速さを調節しながら、「つかまりそうでつかまらない」状態と「つかまえることができた」喜びの両方をつくりだしていきます。保育園などであれば、二人の保育者が一人は追いかけられる側、一人は子どもといっしょに追いかける側に分かれ、「○○先生をつかまえよう！」と声をかけていっしょに追いかけ、つかまえることでその楽しさが実感できるようなくふうも可能でしょう。

③ 生活の再現とやりとりを楽しむ

一歳児になると、おとなのしていることを模倣し、生活の動作を再現することを楽しむようになります。これは「生活再現あそび」「模倣あそび」などと呼ばれ、一歳児期の代表的かつ重要なあそびの一つです。毎日の生活のなかに登場する非常に身近な動作が多く見られます。具体的には、食べるまねをする、コップで飲むまねをする、お人形にトントンして寝かせるまねをする、などがあげられます。このあそびは二歳児クラスでの「ままごと」「お店屋さんごっこ」「病院ごっこ」「乗り物ごっこ」につながっていきます。

生活再現あそびの元になるのは、子ども自身の身近な経験です。毎日の生活のなかでおとなが食べたり、飲んだりするのを見たり、午睡や就寝のときにトントンとしてもらって入眠するといった経験が再現のもとになっています。子どもにとって再現したくなる・再現できる生活が存在することが大切になります。

もう一つ大切なのはモノの存在です。お皿、スプーン、コップ、お人形などが子どもの近くにあることで、それを用いたあそびが始まります。保育園のなかには、一歳児の子どもたちがいつでも模倣してあそぶことができるように、一人ひとり用の人形を用意しているところも多く見られます。保護者に協力してもらって、その子ども専用の人形をつくってもらい、それであそんでいる園もあります。

また、現物やそのおもちゃだけでなく、積み木などのモノを何かにみたててそれを使ってあそぶようになるのも、この時期以降に見られる姿です。いっしょにあそんでいるおとながカップに砂を入れてプリンをつくったり、コップに水を入れてジュースをつくったりするのを見て、子どももそのまねをしてプリンやジュースをつくったりします。そして次々に「ケーキ」「ごはん」「ハンバーグ」と広がっていきます。これは「みたてあそび」「つもりあそび」と呼ばれるものです。活発に行われるようになるのは二歳児の後半からですが、一歳児のときにも見られます。四、五歳児のように本物に近いものを追求するわけではありませんので、同じものでもそれがプリンにもケーキにもなりますし、必ずしも形が本物と似ていなくても、本人にとっては十分に楽しいのです。

二歳児のあそびに比べると、一歳児の「生活再現あそび」や「みたてあそび」は単発的なものが多いのが特徴です。一連のストーリーがあって、そのなかに行為が位置づけられているのではなく、その行為そのものを楽しんでいます。そうした状態からスタートし、だんだん単発的で自己完結的なあそびが、他者といっしょにするあそびへと変化していきます。別の言い方でいえば、あそびのなかでやりとりを楽しむことができるようになる、ということです。先ほどのプリンやケーキ、ジュースなどをつくって楽しむあそびでは、それを「はいどうぞ」といって、いっしょにあそぶおとなに渡すようなあそびになります。

その行為に対しておとなが、「ありがとう」「いただきます」「おいしそうだね」などと応答し、食べるまねや飲むまねをして「おいしいね」「ごちそうさま」といって子どもに返すことで、あそびが楽しくなり、子どもたちはモノを介して他者とやりとりをして楽しむことを経験します。これらは、子ども同士のやりとりや、後のごっこあそびへつながっていく重要なことです。子どものことばや行為を受けとめ、返し、やりとりを楽しんでくれるおとなの存在が欠かせないのです。

「あそんでもらう」ことから「自分からする」ことへ

ゼロ歳児のあそびについて述べた際に、「あそんでもらう」経験の重要性や一見「受身」に思える経験こそが、子どもたちのあそびへの意欲を育てるということにふれました。一歳児は、その「あそんでもらう」経験から得た楽しさ・喜びを、「自分でする」「自分からする」楽しさへとつなげていく大切な時期です。「マテマテ」と追いかけられることを楽しんだ経験が、先生を追いかけるあそびへと発展し、「はいどうぞ」と砂でつくったケーキをおとなから渡してもらった経験が、「ご飯だよ」と他者に砂でつくったご飯を差しだして食べてもらうことを楽しむあそびへとつながっていくのです。

おとなは、子どもをあそびと出あわせ、あそぶことの楽しさ・おもしろさを知らせながら、それを子ども自身が「やってみたい」と思えるように働きかけることが必要になってきます。といっても決してむずかしいことではなく、「〇〇ちゃんもつくってみる?」とたずねていっしょにつくったり、「今度は先生が走るから『マテマテー』って追いかけてね」と逃げて見せたりして、「自分でする」ことをうながしていくことで、子どもたちのなかの「やってみたい！」は「やってみよう！」になっていくのです。

もう一つ大切なことは、子ども同士でやりとりしながらあそぶことを見通しながらの仲立ちです。砂でケーキをつくった子どもは、大好きなおとなにそれを見せ、「はいどうぞ」と差しだして、食べるまねをしてもらうことを楽しみます。それを受けておとなは、「おいしそうだね」「ごちそうさまでした」など、思いを受けとめながらやりとりをします。子どもたちはそれを楽しみ、繰りかえし繰りかえしおとなに働きかけます。

そのときに、子ども同士であそぶことを急ぐあまり、「先生じゃなくてお友だちに持って行ってね」ということばがけでは十分ではありません。なぜなら、その子どもは「先生に」食べてほしくて持ってきたからです。そこで、その思いも受けとめ、「先生いっぱい食べてお腹いっぱいになったよ。今度はお友だちにも食べさせてあげようか？」「とってもおいしかったから、〇〇ちゃんにも持って行ってあげようね」など、いっしょにあそぶ対象が他児にも広がるような声かけをします。逆に他児には、「〇〇ちゃんがケーキつくってきてくれたよ。いっしょに食べようね」など伝える声かけをし、両者を仲立ちしながら、楽しさを広げていきます。こうしたことを繰りかえして、子どもは他児とあそぶ楽しさも経験していくのです。

一歳児の楽しいあそび経験は、それ以降のあそびの大切な土台です。おとなとの信頼関係を基盤にしながら、友だちとあそぶことの楽しさも経験できるように働きかけていくことがおとなには大切なのです。

第六節
他者との関係

「イヤ！」「ジブンデ！」という形で表現される自我の発達は、「自分と他者」との関係も変化させます。自己主張にともなって、子ども同士のトラブルも増えるのですが、自我の発達にともなって他者認識が成立しはじめることが重要です。ここでは、一歳児の自我のめばえにともなう他者認識の成立と、他者との関係の変化について述べたいと思います。

自我のめばえと他者認識は一体のもの

ことばが出はじめる一歳前後の子どもに、「○○ちゃん」と名前で呼びかけると返事をします。この姿から、自分の名前がわかっていると考えがちですが、次にほかのお友だちの名前を呼んでも、やはり同じように返事をしたりします。集団保育の場では、ほかのお友だちの名前を呼んでも返事をしたりするので、まだ明確な区分ができていないことがわかりますが、家庭では多くの場合その子どもだけなので、自分の名前がわかり、呼ばれて返事をしているように見えます。しかし、一歳前後はまだ、自分とお友だちが明確に区別できているわけではなく、「呼ばれたら返事をする」ことの繰りかえしが楽しくて、それを実行しているのです。

自分の名前とお友だちの名前がわかり、自分の名前が呼ばれたら返事ができるようになるのは一歳半を過ぎるころだと考えられています。これは、「自分のことがわかる」だけでなく、自分以外（お友だち）のことがわからないと成立しません。つまり、自分の名前に返事ができるようになったのは、自分と他者の区別がついてきたことの表れであり、一歳前後にはなかった姿です。

このころから自分の名前だけでなく、「自分のもの」もわかるようになってきます。所有意識のめばえです。この時期には、ブロックや積み木などをかかえて独り占めしている姿などをよく見ると思います。同時に、取る―取られる、「貸してくれない！」といったトラブルも多く見られるようになります。これはまさに「これは自分のもの！」という所有の表現なのです。一歳児は担任の顔の区別がつき、新しい担任に不安を覚えるということを述べましたが、逆にいえば、「自分の先生」とわかったら独占しようとして、ほかの子が来たら押しのけて邪魔をするといった行動にも出やすいのです。

わたしが一番、でもお友だちのこともわかる

前にあげたような行動は、自分意識のめばえが引き起こすものです。自我がめばえ、自分に気がついた子どもは、「自分のことを見てほしい」「自分のものにしたい」という思い

を強くもちはじめます。しかも、「自分も」ではなく「自分を」「自分が」です。まさに「わたしが一番！」なのです。「ジブンデ！」となんでもやろうとするのも、「できた、できた！」と自分を懸命にアピールするのも、友だちの持っているものを欲しがるのも、誰かと話している先生を「横取り」しようとするのも、みんな「わたしが一番！」でないと気がすまない一歳児の特徴です。

だからそれがかなわないと、泣いたり、怒ったり、すねたりという行動をします。「やってあげる」といえば「ジブンデ！」と激しく抵抗しますし、「待っててね」も通用しないし、「○○ちゃんに返そうね」といっても聞き入れません。自分ですることで、ものや人を独り占めすることで、自分という存在を確証しているのです。

自分が一番な反面、他児への関心も強くなってくるのがこの時期です。友だちが泣いているのに気づく姿はゼロ歳児にもありますが、一歳児は、その子どものところに行って慰める行動に変化が見られます。慰めるつもりが、かえってトラブルになることもあるのですが、ときにはその子どもの好きなもの（おもちゃなど）を示したりして慰めようとしたりもします。自分に気づくようになった子どもは他者にも気づき、その気づきをもとにかかわろうとする姿が見られるようになります。

ものの取りあい――他者認識の変化の表れ

自分と他者の区別がつき、他者に関心をもつようになると、関係が変化してきます。その代表がものの取りあいにおける変化です。ものの取りあいはそれ以前からありますが、変わってくるのはそのときのようすです。それまでは取れずに泣いていたものが、押したりかみついたりして取ろうとしたり、逆に取られまいと相手をたたいてでも守ろうとしたりという姿に変わってくるのです。

この攻撃的とも見える行動は、自己主張と所有意識の表れです。自我が「～のつもり」とつながっていることは前に述べたとおりですが、一歳児のつもりは、まだ他者には共有されない「自分だけの」ものであり、同時に、ことばにして伝える力が十分に育っていないことでトラブルになるのです。たとえば、「これを使いたい！」という思いが、たたいてものを奪いとる行動になり、「これを使って～してあそぶ！」というつもりが、取ろうとする相手にかみついておもちゃを守ろうとするという行動になってしまうのです。

押す、かみつくといった行動は、ケガにもつながる危険性をもっているので、保育においては常に注意を必要とする行動ですが、こうしたトラブル自体は、内的な育ちを考えるとても重要なことです。神田英雄さんは「子どもの発達と集団」（『現代と保育』№29号ひとなる書房）のなかで、押したり、たたいたり、かみついたりしてものの取りあいをするのは、自分と他者の区別がつき、なおかつ相手が自分と同じ主体だと認識できるようになったからだと説明しています。こうした行動は、自分のなかにある他者の存在が変化しつつある表れであり、子ども同士の関係がつくられていく大切な段階なのです。

おとなの役割——両者の「つもり」を読みとってつなぐ

節の最後に、この時期のおとなの役割について述べます。友だちへの関心が強くなる半面、自己主張と所有意識の強さ、ことばの不十分さからトラブルが多くなるこの時期に、おとなが果たす重要な役割として、「つもり」を読みとる、仲立ちをしながら「つもり」と「つもり」をつなげることがあげられます。ものを取りあうという行為にしても、けんかしたいわけではなくて、「このおもちゃを使ってあそびたい」という思いが伝わりきれずに起こってしまうことなので、ただ、「取っちゃダメよ」「かんじゃダメ！」というだけでは十分ではありません。おとなは、状況やようすから「この子はこうしたかったのではないか？」とつもりを読みとり、それをことばにして両者に伝えることが必要なのです。

おもちゃの取りあいからトラブルになってしまった場合、両者とも「自分はこう思った、こうしたかった」という思い＝つもりはあっても、うまくことばでは言えずにいるわけですから、その補完がまず必要です。A児には「あそぼうと思って横に置いてたんだよね」とつもりを読みとり、共感しながら、B児に「Aちゃんは今からあそぶつもりで近くに置いてたんだって」と伝えます。B児には「Aちゃんがもう使ってないから今度はBちゃんがあそぼうと思ったんだよね」と気持ちを受容しながら、A児に「BちゃんはAちゃんに意地悪したんじゃないよ。Bちゃんがもう使ってないと思ったから借りたんだって」と返したりということが必要になります。

こうした仲立ちがなぜ大切かを考えると三つの意味があるように思います。

一つめは、おとなから自分の「つもり」を読みとってもらうことで子どもは、「自分のことをわかってもらえた」という実感をもつことができるということです。一歳児にとって自分の「つもり」がわかってもらえたことは大きな安心であり、「自分のことをわかってもらえた」という実感をとおして自己肯定感につながる大切なものなのです。

二つめは、相手の「つもり」をおとなからことばで伝えてもらうことで、相手にも自分と同じように「つもり」があることを知っていくということです。つもりが伝わらなければ、相手は自分のおもちゃを取ろうとしたいやな相手になってしまいますが、相手にもつもりがあることがわかれば、自分と同じ思いをもった存在であることがわかります。つもりが伝わりあうことでプラスの他者認識が形成されていくのです。

三つめは、仲立ちをするおとなの姿をとおして、「伝えあう」ことを知っていくということです。子どもにとっておとなは、望ましい行動のモデルを提供する存在です。ことばだけでなく姿や行動をとおして、どうすることがいいことなのかを知らせ、できるように導いていく存在です。おとなのていねいな仲立ちをとおして、子どもにていねいに他者にかかわることの大切さを伝え、そのイメージを育てることができるのです。

「かみつき」に対する理解をつくる——保護者への働きかけ

「押したり、たたいたり、かみついたりしてものの取りあいをするのは、自分と他者の区別がつき、なおかつ相手が自分と同じ主体だと認識できるようになったから」と述べましたが、子ども本人にとってはもちろんつらいことですし、保護者にとっても、自分の子どもがかみつかれるのも、自分の子どもが他児をかんでしまうのも大きな悩みとなりがちです。だからこそ、保育者だけでなく、保護者に対して「かみつき」に対する理解をつくることが重要になります。

かみつきは、意思や自我が生まれた半面、ことばでは思いを十分に伝えられないことからくる行為であり、一歳児の子どもにとって「よくある姿」です。だからこそ、十分に注意をしてかみつきが起こらないように配慮することが大前提です。一人ひとりの要求や意思を感じとり、その思いが「かみつき」という形で表現しなくてもすむように対応します。

しかし、どんなに注意をしていても、かみつきが起こってしまうことはあります。起きてしまったときには、かんでしまった子どもの思いとかまれた子どもの思いの両方をくみ取って、「〇〇ちゃんはこれが欲しかったんだね」「△△ちゃん、痛かったね。もう大丈夫だよ」など、ことばにしてていねいに返していきます。また、「かまないで、『ちょうだい』ってしようね」など、望ましいかかわり方も示していきます。こうした繰りかえしのなかで、お友だちの思いとふさわしい方法を学んでいくのです。

それとともに、保護者の感情に配慮した伝え方が求められます。保育者は発達の一過程としてとらえることができますが、保護者からすれば、わが子の手や顔にかまれた跡を見ると、いくら頭ではわかっていても感情が先立ってしまうのは無理のないことです。そこで、「一歳児だからあたりまえ」「しかたがないこと」として伝えてしまうと、保育者と保護者の感情が行き違って、関係がこじれてしまうことにもなりかねません。

保護者に対しては、状況や理由をわかりやすく伝えるとともに、子どもの痛みに共感するのと同じように、保護者が感じた「痛み」に共感する姿勢が必要です。それによって、最初は怒りや不信が強かった保護者も、徐々に理解をしてくださるものと思います。「かみつき」の形で現れる意思表示の期間を、ともに乗り越えるような関係づくりが重要なのです。

第三章

二歳児の発達と生活・あそび

第一節

二歳児とは

人間としての基礎がつくられるゼロ歳児、意欲にあふれた一歳児の時期を経て、子どもたちは、「なんでも自分でやりたい」と「できること」の間で揺れる二歳児になります。ここでは二歳児期の全体像・特徴について述べたいと思います。

「自分でしたい気持ち」と「できること」の間で揺れる

二歳児は、一歳児での意欲の高まりと自分でする喜びを受けて、ますます「自分でしたい」気持ちが強くなってきます。そのため、自分でしようと思っていることを先生や友だちに先にされたりすると、激しく怒る姿も見られます。逆に、どんなに時間がかかっても自分でやりとげることによって、大きな達成感と自信も獲得します。

その一方で、やってみたいことが増えたにもかかわらず、実際にできることはまだまだそれほどに多くないのが二歳児の現実でもあります。自分のしたいこととできることとの間で矛盾が大きくなるといってもいいでしょう。

このことは、他者にあこがれていろいろ挑戦するけれども、やってみたらできなかったという経験が増えてくるということでもあります。自分が思っていること・願っていることと、実際の自分との間の違いに気づき、不安にもなります。そこで、「やってみたい」気持ちと「できない」不安との間で揺れ動き、葛藤や不安定な気持ちが生まれてきます。

加えて、認識の発達ともかかわって、自分と他者を比べる力がつき、自分に対する期待も感じることができるようになるため、自信がなくなってしまう場合もあります。挑戦して失敗することは発達にとって大切なことなのですが、二歳児の子どもにとっては大問題なのです。

こうした気持ちの揺れ動きが、一見すると消極的に見える行動につながったり、いざ本番というときにがんばりきれない姿になって表れることがあります。その際に周囲のおとなは、その姿を否定的にとらえたり、「昨日はできたのに今日はどうして?」と責めたり、「がんばれ、がんばれ!」と追い詰めたりしないことが大切です。ここで大切なのは、葛藤や不安があっても、「できないといやだから、しない」ではなく、「できるか不安だけど、やってみようかどうしようか」という姿、つまり「前向きの葛藤」へとつなげていくことです。子どもたちは、不安や葛藤はあっても「がんばりたい」という気持ちももっています。この気持ちを支えて、前向きの葛藤につなげていくのです。

以上のように、「やってみたい気持ち」と「できるかな?」という気持ちの間を揺れ動きながら、その葛藤を前向きに乗り越えていくことで、新しい自分をつくっていくことがくさん評価して、自信をもたせるという大切な役割を担っているのです。できるのが二歳児なのです。おとなは、そうした姿に理解と共感を示し、できたことをた

身体をコントロールする力がついてくる

二歳児は、自分の身体をコントロールする力がつき、「自分の身体の主人公」になっていく時期です。具体的には、飛びおりることができる、両足で跳ぶことができる、ケンケンができる、三輪車に乗ることができる、などという姿が見られるようになります。加えて、手指での操作性も発達してきて、積み木をじょうずに積むことができる、紙を折ることもできるようになります。

この姿は、子どもが「こんなふうにしよう」というイメージをもち、そのイメージに合わせて身体（全身や手指）を動かすことができるようになったことを表しています。しかも、両足跳びなら足をそろえて跳ぶ、ケンケンなら片足を上げながら前に進むといった、「～しながら＊＊する」という二つの活動を同時に行うことができるように身体をコントロールする力がつきはじめたということなのです。

その力を生かして、夏には全身を使って心と身体を解放できるあそび、秋には少しむずかしい課題に背伸びをして挑戦する活動といった、育ちつつある身体の状態にあった経験の保障が必要になってきます。全身のコントロールができるようになると、子どもにとって楽しい活動が増え、できた経験から自信も生まれてきます。楽しいあそびをとおして、「自分の身体の主人公」になるよう育てることが大切な時期なのです。

対比的認識と形容詞の登場――「大きい―小さい」「いい―悪い」

認識の発達については、比べる力の発達とことばの発達について述べたいと思います。二歳児は自分と他者を比べる力が育つ時期ですが、ここで述べる「比べる力」とは、自分と他者の対比だけではありません。いろいろなものを比べて、「大きい―小さい」「長い―短い」「たくさん―少し」といった量的なもの、「男―女」という性別、「きれい―汚い」「いい―悪い」といった価値的なものまで、対比してとらえることができるようになります。こうしたとらえ方を「対比的認識」と呼びます。

この認識は、「これが大きい―小さいよ」とことばで教えて育つものではなく、子ども自身が対象に働きかけ、経験するなかで育ちます。ものをたくさん集めてお友だちと見せあったり、自分より小さい子とかかわって、大きさや小ささを実感したりするなかで、対比してとらえることを知っていくのです。

対比的認識ができはじめると、子どもたちのことばのなかに「大きい」「長い」「いっぱい」などの形容詞が登場するようになります。そのことで、生活のなかの会話もあそびのなかのやりとりも格段に豊かなものになっていきます。形容詞の登場は、単に「新しいことばを覚えた」ということではありません。形容詞は、実感をともなった認識の発達とともに生まれてきたことが大切なのであり、このことが後の抽象的な認識につながっていくのです。

イメージの世界が広がる――「つもり」であそぶ

二歳児は、一歳児で楽しんだ生活再現あそびをもとに、「〜のつもり」であそぶようになります。「つもり」になる対象は、身近なお母さんや先生、お店屋さんなどであることが多いのですが、それ以外にも動物や虫であったり、散歩の途中で見た葉っぱが揺れるようす、花びらが散るようすといった変化や動きのある自然のものだったりします。その際に、エプロン、かばん、しっぽなどの道具があると、よりその「つもり」になりやすいのも特徴です。

また、保育者の働きかけを受けて、友だちといっしょにごっこあそびが楽しめるようになるのもこの時期です。とはいっても、一人ひとりが自分のイメージをもっていて、それが必ずしも同じとは限りませんので、イメージがつながらなかったり、共有できなかったりもします。しかし、そこで無理に同じイメージにまとめあげようとしたり、共有を急いだりすることは適切ではありません。一人ひとりのイメージやその表現を大切にしながらイメージをつないでいくことで、子どもは、いっしょにあそぶこと・イメージが重なりあうことの楽しさを経験することができるのです。

友だちを意識しながら自分の世界をつくる――「まねっこ」大好き

二歳児は、「まねっこ」が大好きな年齢だといわれます。保育者やお友だちのことをよく見ていて、同じようにしたがります。誰かが何かを始めると、いつのまにかそれが全員に広がっていたり、同じものがつくられたりします。

この「まねっこ」が成立するには、自分と他者の区別がついていること、自分とは違う他者の行為・行動を認めていることなどが前提となります。しかも、ただの「まね」ではなくて、「あんなふうにしてみたい」「おもしろそう」と他者の行為を「まねっこ」しながら取り込み、そこから自分の世界をつくっているのです。

だからこそ、おとながまねる形にだけとらわれて、「同じことをする」ことだけを求めてしまうと、自分の世界も広げられないし、他者と新しい関係を築いていくこともできません。他者のなかで自分らしさが認められることが大切であり、それによって他者との関係が生まれ、なかま意識も生まれてくるのです。

まねっこをしながら共有・共感を広げていく一方で、「自分」を主張して他者とぶつかることも増えてきます。自分の領域は主張する一方、理解や認識が不十分なため「取られた」「邪魔された」と考えてしまいやすいのです。自分の世界をつくっていく過程で、自分とは異なる世界と出あい、気づいていく姿を認め、他者を意識しながら自分をつくっていく姿を支えることが大切なのです。

第二節
基本的生活

二歳児は「やってみたい気持ち」はありながら、まだまだ「できない」ことも多く、「できる」と「できない」との間で揺れる年齢です。できないことがあると、怒ったり、集中できなかったり、すねたりするため、おとながついつい手伝ってしまいがちですが、「なんでも自分でやりたい」思いと「できる」ことの間で揺れる時期だからこそ、「できる」ことの喜びを十分に実感させることが重要です。ここでは、食べる、着がえる、排泄をするといった生活習慣について述べたいと思います。

食事――楽しく、おいしく食べられる生活を

①楽しい雰囲気のなかで、「食べたい」気持ちを育てる

二歳児の食事において大切にしたいことは、楽しく食べるということです。どうしても

「好き嫌いをなくす」「おはしが使えるようになる」といった目に見えることが気になってしまうのですが、それらを実現していくためにも、食事の時間が楽しいものであることが欠かせません。

楽しく食べるということに向けて大切にしたいことが二つあります。

第一に、食事をする雰囲気です。保育者もいっしょに食事をする保育園もあれば、いっしょには食べずに食事指導をする保育園もあるかと思いますが、保育者がおいしさに共感しながら、みんなでいっしょに食事をする楽しさを伝えていきます。

みんなと食事をするなかで、ほかの子どもが食べているのを見て、好き嫌いの多い子どもが苦手なものをひと口でもがんばったり、食の細い子どもが少しずつたくさん食べられるようになったりということを大切にします。つまり、最終的には全員がなんでも好き嫌いなく、一定の量を一定の時間で食べきれるようになることを目標にもちながら、「食べさせる」「好き嫌いをなくさせる」ではなく、「食べられるようになる」「嫌いなものでも少しだけがんばろうという気持ちになる」ことをめざして取りくむということです。

第二に、おいしく食べられる生活をつくるということです。つまり、身体をしっかり動かしてあそび、空腹を感じ、「食べたい」という意欲と楽しみを感じられる生活・過ごし方を保障するということです。おとなが、食べることだけに目を向け、「食べたか・食べないか」を監視的・管理的に見てしまうと、食事の時間は監視・点検される場になり、子どもたちは楽しく食べることができません。食べたいという意欲が生まれてくるような生活やあそびをくふうし、楽しく食べながら苦手を克服していくことにつなげていきます。

②道具を正しく使い、マナーを身につける

二歳児が自分の身体をコントロールする力がつき、「自分の身体の主人公」になっていく時期であることを生かし、スプーンやはしなどの道具を正しく使うこと、正しい姿勢で食事をすることを獲得していきます。

道具の使用、特におはしの使用については、保護者からの要望も含めて、「ちゃんともてること」「早くできるようになること」に目が向きがちですが、正しいもち方をきちんと教えながら、それだけにとどまらずに、おはしが使えるようになった喜び、つまり大きくなった喜びが感じられるようにします。

正しい食事のしかたやマナーについても同様です。楽しく食べられる雰囲気づくりにより、食事の際に友だちと話をすることが楽しくなってきた子どもたちは、食事中でも後ろを向いて話をしたり、極端な場合には立ち歩いてしまうこともあります。また、ひじをついたり、足をイスに上げたり、イスをガタガタさせたりと、食事にふさわしくないようすで食べる姿も見られるようになります。

そのままにしていると、「楽しい」ということが「勝手」や「無秩序」になってしまうので、そのつど、「前を向こうね」「背筋をピンと伸ばして食べようね」と注意をうながしたり、「○○くん、とってもいい姿勢だからモリモリ食べてるね」など、他児のようすも知らせていきながら、正しい姿勢を身につけさせるようにします。そして、いい姿勢で食べることで、もっとおいしく、楽しく食べられることも知らせていきます。

着脱・排泄――失敗しながらも自分でできるようになる姿を大切に

「やってみたい」気持ちは、衣服の着脱や排泄にも向かいます。しかし、二歳児はまだ手指の機能が十分には発達していないし、排泄についても的確にキャッチができないので、子ども自身ができないことでイライラしたり、失敗してしまうこともあります。二歳児にとって着がえや排泄は、「やってみたい」「やってみよう」という気持ちとは裏腹に、案外むずかしいものです。

だからこそ逆に、二歳児において、自分で着がえができるようになる、トイレで排泄できるようになるということは重要だといえます。それは「失敗しないでできる」という結果だけが大切なのではなく、そのことをとおして、「やってみたい」ことが「実現した」という達成感と自信をもつことが大切なのです。着脱や排泄の獲得・確立に向けて、個別にていねいな対応をとりながら見守る姿勢と環境の整備が求められます。

①着脱

前後の見分け、ボタンを留めるコツなどを具体的に教えながら根気よく見守ることが求められます。必要な場合には、保護者と相談しながら、着がえ時に前後がわかりやすい服や、留めやすいボタンの服を用意してもらうことも検討します。それによって、不必要なイライラも少なくなり、「やった!」「できた!」という達成感をつくりだしやすくなります。

② 排泄

はじめは、トイレの使い方、ズボンやパンツの下ろし方などを繰りかえし根気よく教え、させてみることが大切です。トイレットペーパーであそんでしまったり、水を流し忘れたり、順番でけんかになったりしますが、そのつど、適切な使い方を教え、約束も決めながら、少しずつできるようにしていきます。

トイレを明るく清潔に保ち、行きやすい雰囲気にすることや、「お外であそぶからトイレに行こうね」など、見通しをもたせながら排泄に向かえるようにすることも大切です。

生活習慣の確立——保護者とともに進める

ここまで述べた生活習慣の獲得は、保育園と家庭との連携があってはじめて実現するものです。とはいっても生活習慣については、思った以上に多様な考えが存在します。「できるだけ早く」できることを望む保育者や保護者もいるかもしれませんし、洗濯物が増えることを嫌い、着がえ、タオル、おしぼりなどに対してあまり協力的ではない保護者もいるかもしれません。保育園と家庭で基本的な考え方が違いすぎると、子どもはとまどい、獲得が妨げられます。だからこそ、子どもたちが生活習慣を獲得・確立していくためには、子どものまわりにいるおとなが思いを寄せあい、方針を共有していくことが重要です。

第一に、保育園内の方針の共有・意思の統一が必要だといえます。二歳児は複数の担任で保育することも多く、長時間保育の子どもほど、朝・夕を含めたくさんの保育者と接します。二歳児に対して「もうすぐ三歳なんだから」というとらえ方をするか、「まだ二歳なんだから」ととらえるかによって、方針も対応のしかたも大きく変わってきます。個々の保育者の考えや方針の違いはあるにしても、「今年度の子どもについて、この時期は、こうした方針で臨む」といったことを担任同士で確認し、ほかの保育者にも伝え、保育園全体として一貫した方針で保育に当たることが大切です。

次に大切なことは、保護者に理解してもらい、協力してもらうということです。現在のように生活の姿、就労状況、価値観が多様化しているなかでは、生活習慣一つとっても、多様な考えの保護者がいるのは当然です。そこで、生活習慣の獲得・確立に向けて、保育園としてはどのように取りくんでいこうと考えているか、そのためには家庭でどのようなことに留意してほしいかなどを、「わかっていてあたりまえ」「協力してくれて当然」と考えずに、ていねいに伝えて合意をはかっていくことが必要となります。

その際「~してください」と一方的に要求したり、押しつけたりするのは望ましくありません。二歳児にとって生活習慣を獲得していくことの意義やそれが子どもたちの自信になっていくことを伝え、いっしょに、育ちとその喜びを共有していく姿勢で話をします。「今挑戦しているところだから少し見守ってあげてくださいね」「できないといって甘える日もあるけど、その気持ちも受けとめてあげてください」など、具体的な場面や対応についても話しておくことで、保護者のとまどいや不安はずいぶん軽減されます。

こうして、保育園でも家庭でも「やってみたい」という気持ちが大切にされ、「できたこと」をいっしょに喜んでもらえることで子どもは自信をもつことができるし、できなかったときの気持ちが受けとめられていくことで、安心して取りくむことができるのです。

第三節
意欲の発達

二歳児は「やってみたい」気持ちが高まる時期ですが、その反面、「できる」ことはまだまだ多くなく、気分にもムラがあります。だからこそ、この時期は「できる」ことよりも「やってみる」ことに主眼を置いた活動が大切です。ここでは、二歳児がもつ「やってみたい」「やってあげたい」気持ちを大切にした生活や活動について述べたいと思います。

やってみたい気持ちの高まり――「出番」があり、「認められる」経験を

二歳児のもつ「やってみたい」気持ちを尊重し、できた経験を自信につなげていくためには、どの子どもにも生活のなかで出番があることが大切です。まだまだ個人差・月齢差も大きいときですから、ともすれば月齢の高い子どもや認識の力の高い子どもに注目が集まったり、認められたりということが多くなります。月齢の低い子どもは、ほかの子ども

の姿に憧れ、必死でがんばってついていこうとしても、「がんばろうね」といわれてしまうことも多いのです。

だからこそ、注目されたり、活躍したり、認められたりする経験はどの子にも必要だといえます。しかし、毎日の生活のなかに一人ひとりの出番をつくることはそんなに簡単なことではありません。さまざまな場面で認められる子どもはいいのですが、何をするにもゆっくりだったり、できない姿や甘える姿が出やすい子どもの場合、保育者が意識して「出番をつくる」ことなしには、その機会をつくることはできません。他児と比べるのではなく一人ひとりの子どもの生活やあそびでの姿をよく見れば、一人ひとりの得意なことやがんばっていることはあるはずです。

できてはいなくても、「やってみよう」とする姿もあります。その姿を大事にしてみんなに紹介したり、「〇〇くんにこれをお願いしようかな」とお手伝いを頼んで出番をつくったりすることで、一人ひとりに「認められた」経験をつくることができます。

友だちを意識して生活し、「やってあげたい気持ち」をもつ

「やってみたい」と並んで、「やってあげたい」という気持ちをもつことも二歳児の特徴です。「やってみたい」気持ちは仕事やお手伝いへの関心だけでなく、他児にも向くようになってくるのです。誰かが困っていたら、自分のことは放っておいて何かをしてあげたくなるのがこの時期の子どもです。自分の着がえは出しっぱなしで友だちを手助けしよう

としたり、自分も食べ終わっていないのに、ほかの子どものお世話を焼こうとする姿がその典型です。

自分のことはそのままになっているため、おとなはどうしても「出しっぱなしだよ」「食べ終わってから手伝ってあげてね」といいがちです。それが間違っているということではないのですが、いつも制止されるばかりだと、せっかくの「やってあげたい」気持ちが育ちません。「やってあげたい」気持ちは尊重しながら、自分のことにも気づかせ、目を向けさせていきます。「〇〇ちゃんにどうやったらいいか見せてあげて」「〇〇ちゃんのお手伝いをしてあげたんだね。△△ちゃんもがんばってみよう」など、友だちを意識しながら自分自身もがんばれるような声かけをくふうします。

友だちを意識しながら自分自身もがんばれることをめざして、グループでの生活や活動に取りくみ始めるのも二歳児にとって大切です。とはいっても、三歳児以上と同じようなグループイメージで、一足飛びにむずかしいことに挑戦させるというのではありません。わかりやすく続けやすいことを、繰りかえして行うことが大切です。

給食やおやつを食べるテーブルで、子どもが座る位置を決めている保育園も見られます。これは、場所を決めることで、①食べることに気持ちが向かいやすくする、②座る場所がわかり、自分から座れるようになることで、主体的になる、③友だちを意識して、関係を広げる、などのねらいをもった取りくみです。このことで、わからずウロウロしたり、「この席がいい！」とトラブルになって気持ちがくずれたり、保育者にいわれないと座れないといったことは少なくなります。席を決め、みんなで楽しい雰囲気で食べることで、食事の時間が楽しくなるのはもちろん、他児に目が向き、そのなかで「やってあげたい」気持ちも生まれてくるのです。

「お手伝い当番」はやってみたい気持ちを大切に

子どもたちの「やってみたい」「やってあげたい」気持ちを尊重して出番をつくる際に、「お手伝い」はとても大切で有効な活動です。出番づくりの意味だけでなく、子どもたちが保育園生活の主体になっていくために、当番活動はとても重要な活動です。多くの保育園や幼稚園で、三歳児あるいは四歳児で取りくまれています。

二歳児でも取りくまれているところは見られますが、その際は、三歳児以上の当番活動とは区別して、「やってみたい」気持ちを大切にして進めます。当番活動の大切なねらいである「責任をもってやりとげる」ことは、二歳児にはまだ重過ぎる課題です。二歳児は、やってみたい気持ちは強いのですが、忘れていたり、ほかのことに気を取られてしまったり、眠くてやる気が起こらなかったりとムラがあるからです。その時期に「がんばって最後までやる」ことを求められてしまうと、「やってみたい」気持ちも、お手伝いしたい気持ちもしぼんでしまいます。

二歳児でお手伝い活動に取りくむ場合は、①おとなや他児の姿を見て、「やってみたい」とその仕事に興味をもつ、②「やらなければならない」ではなく、「お手伝いすることが楽しい」と思えるようにする、といった点を大切にします。内容も、先生がやっているのを見ながらお皿を並べる、お布団を敷くのを手伝うといった、理解しやすく、その結果が他児にもわかりやすいものにします。それは、本人の意欲を引きだし、達成感を得やすいだけでなく、ほかの子どもに「○○ちゃんが～してくれた」ということがはっきりわかるので、他児から認められる経験になるからです。

「やってみたい」「やってあげたい」気持ちのもちにくい子どもへの対応

ほとんどの二歳児は「やってみたい」「やってあげたい」気持ちがいっぱいで、そのことでトラブルになるくらいなのですが、なかには「やってみたい」「やってあげたい」気持ちがもちにくい子どももいます。みんなが楽しそうにお手伝い活動をしていてもあまり興味を示さず、「○○もやりたい」と発信してこない子どももいます。

「気持ちはもっているが発信・表現しにくい」子どもの場合には、待っているだけではなかなか自分からはいえません。「できるかな？」と自信がなかったり、ほかの子どもの意欲に押されて気おくれしてしまったりということもあります。そこで、ようすを見て保育者の側から「○○ちゃんもやってみる？」と誘いかけ、必要に応じていっしょにやっていくようにします。このことで、やり方もわかり、自信もつき、徐々に自分から「やってみたい」気持ちが表せるように働きかけます。

気持ち自体をもちにくい子どもには、保育者といっしょにやるように誘いかけたり、仲よしの子どもに誘ってもらったり、わかりやすいくふう（カードや絵など）をして興味をもたせるなども有効です。とはいえ、やりたがらない子どもに無理にお手伝いをさせるのは望ましくありません。お手伝いが嫌いになったり、「できない自分」に否定的なイメージをもってしまったり、それを見ている他児に「○○ちゃんはできない」「やらない」という誤ったイメージを与えてしまうことになるからです。何よりも大切にされるべきは、子ども自らが関心と意欲をもち、「やってみたい」と思って取りくむことだからです。

それゆえ、お手伝いに取りくむ場合、はじめから「みんなで」と考える必要はありません。保育者の姿を見て「やってみたい」と思う子どもからやりはじめて、それを見て「やってみたい」と思う子どもが増えていき、最後にはみんなで取りくむというように、時間をかけながら全員のものにしていけばいいのです。最終的にみんなが意欲をもってお手伝いに取りくめるようになってくることで、その後の本格的な当番活動への移行もスムーズに進んでいくのです。

第四節

認識とことばの育ち

ことばの発達——考えることばのはじまり

ことばの育ちには日常生活での経験が大きくかかわっています。まさに「話したくなる生活」「たずねてみたくなるものとの出あい」が大切なのです。それとともに、絵本などをとおして得られる虚構経験も重要な役割を果たします。ここでは、二歳児のことばの発達、絵本の楽しみ方、内的世界とのかかわりで考えます。

① ことばの発達の特徴

二歳から三歳にかけて、子どもたちのことばはいっそう豊かに育ってきます。前に述べた「第二質問期」であることに加えて、ことばの量的発達の著しさも特徴の一つです。二歳ころの語彙数が約三〇〇語であるのに対して、三歳では約九〇〇語に増大するといわれています。一年間に約六〇〇語の語彙数の増加が見られます。この時期は、活発に質問し、それに答えてもらうことで語彙数が増えていくのです。

起こったことをいろいろ話すようになるのもこの時期です。保育園から帰って、「今日ね、保育園で、～したよ」と報告してくれる姿が家庭でたくさん見られることでしょう。これは、家庭とは違う世界のなかに安心できる場所ができたことでもあり、そのことで話したいことがたくさん生まれてきたことの表れでもあります。ただ、子どもの話してくれたことすべてが「真実」とは限りません。自分の視点からの偏った見方も含まれますし、誇大表現やウソも混じることがあります。意図的にだまそう、隠そうというわけではなく、「ついいってしまう」ことも多いのです。

話したいことが増えてくる一方で、発音・構音は未熟であり、明瞭な発音で話せるようになるまでにはもう少し時間がかかります。二歳後半ころから、吃音《きつおん》が見られる場合があり、「正しい発音」にこだわって、たびたびいい直しをさせたり、「ちゃんといいなさい」「～っていうのよ」と指摘したり、注意したりしがちです。

しかし、そのことで「話したい」という気持ちがしぼんでしまったり、話すこと自体がこわくなったりするのは望ましいことではありません。この時期は、発音・構音の完成期ではないので、「話したい」という気持ちを大切にし、「聞いてもらえた、共感してもらえた」喜びが実感できるような聞き方、受けとめが大切なのです。

② 体験に筋をつける＝考えることばのはじまり

三歳を過ぎるころから子どもは、「全部食べたから空っぽになったよ」「〇〇ちゃんが生まれてお兄ちゃんになった」など、二つのことを結びつけて話すようになります。二つのことをつなげて話すことができるということは、二つのことの因果関係がわかり、それを時系列にそって、あるいは論理的に並べることができるようになったことを表しています。

その際、「～だから」「～して」など、二つのことをつなぐことばが見られます。このことは、単に「接続詞が使えるようになった」というだけではありません。接続詞の前後のこと、「全部食べた」ことと「（お皿が）空っぽになった」ことを論理的に整理することができるようになったことなのです。このことを神田英雄さんは「考えることばのはじまり」と呼んでいます。

ここで大切なのは、そのことばが経験や実感をともなう「思いのこもったことば」であるということです。「全部食べる」ことに向けてがんばった気持ちと「（お皿が）空っぽになった」ことの喜びやうれしさ、「〇〇ちゃんが生まれた」ことのうれしさと「お兄ちゃんになった」ことの誇らしさとくすぐったさを十分に感じているからこそ、「全部食べたから空っぽになったよ」「〇〇ちゃんが生まれてお兄ちゃんになった」といえるようになったのです。

この力は、友だちと相談する力や「もう、うさぎ組さんだから自分でする」など、ことばで自分の気持ちや行動をコントロールする力にもつながっていく大切なものです。つまり、「自分で考える」「筋道を立てて考える」ことが、その後の「他者といっしょに考える」ことにつながり、「あきらめずにやりきる」「気持ちを立てなおす」ことにつながっていくのです。

③「ウソをつく」ことがもつ意味

語彙数の増加、論理的で筋道立てた話し方だけでなく、話す内容にも変化が出てきます。一歳児までとは違って、経験したことをことばで表現するだけでなく、経験したことのないことでもことばで表現するようになるのです。友だちが「＊＊した」というのを聞いて、自分は実際にしていなくても、「私も＊＊した」「僕は～だった」と話したりします。そのうち話が盛りあがりすぎて、「動物園にライオンが一〇〇匹もいた」「△△を一〇〇個も食べた」などという現実にはあり得ない、存在しない状態の話へとエスカレートすることもしばしばです。おとなから見ればそれは「ウソをついた」ことになります。おとなは「ウソをつく」ということを深刻に考えてやめさせようとしがちです。しかし、同じウソでもいろいろな意味をもっているので、その意味や、込められたメッセージを考える必要があります。

同じ「ウソをつく」という行為であっても、それがおとなの気を引きたいためであったり、何かを隠そうとするためだったりすれば、それにはふさわしい対応が必要となります。つまり、気を引くためのウソならば、それは「もっと僕（私）を見て！」という思いから出たことですから、「ちゃんと見ているよ」「大好きだよ」というメッセージを送って安心させることが先決です。何かを隠そうとしてついたウソならば、隠していることを話しやすい状況をつくり、「正直に話してくれてとてもうれしい」という気持ちを伝えることが必要となるでしょう。

それとは別に、話しているうちに盛りあがってしまい、競いあううちにエスカレートしてしまったウソは、違う意味をもっています。それは、経験したことのないことを想像して表現する力がついたということです。いいかえればイメージの世界がつくられはじめているといってもいいでしょう。人を傷つけ、関係を悪くするウソは問題ですが、他愛もない「単純なウソ」にまで過剰に反応しすぎると、子どもたちの想像・空想の世界、イメージの世界を窮屈なものにしてしまいます。そこで、「ウソでしょ」と否定したり、「ウソをついてはいけません」ときびしく注意したりするのではなく、子どもの想像・空想の世界の誕生を受けとめ、つきあう気持ちをもって接することが必要でしょう。

④ 絵本を楽しむ

イメージの世界がつくられはじめると、絵本の楽しみ方も変わってきます。それまで好きだった絵本を「卒業」して、空想の世界を扱った絵本を好むようになってきます。

二、三歳児の好きな絵本としては『ぐりとぐら』『ねずみくんのチョッキ』『はじめてのおつかい』『三びきのやぎのがらがらどん』『わたしのワンピース』などがあげられますが、子どもたちは絵本に登場する人物や動物に自分を重ねあわせ、共感したり、いっしょにドキドキしながら絵本を楽しんでいます。

経験したことのないことを想像する力がついてきたとはいっても、その力はまだ育ちはじめたばかりです。だからこそ、絵とことばの力を手がかりに想像やイメージをふくらませることのできる絵本が二歳児において重要だといえます。おとな（保護者、保育者）が読みきかせをする際には、ことばを覚えさせることを目的にしたり、内容やストーリーを理解させようとしがちです。そのことで絵本が「勉強」になったり、「強制」からおもしろくないものになったのでは、ことばの育ちにもイメージの豊かさにもつながりません。絵とことばを子どもと共感しながら十分楽しみ、物語の世界を広げていくことが大切です。想像やイメージの世界がつくられはじめると、みたて・つもりあそびも豊かになり、絵本のストーリーからイメージしたごっこあそびへと発展していく姿も見られるようになります。

昨日・今日・明日を生きる——記憶力の発達と時系列の感覚の育ち

二歳から三歳の子どもたちのことばの発達が、「考えること」「あきらめずにやりきること」「気持ちを立てなおすこと」にもつながると書きました。ここでは、ことばが豊かになるのと並行して記憶力が発達してくること、そのことで、子どもたちの認知はどのように育ち、どんなことが「わかる」ようになるのかについて述べたいと思います。

①「昨日・今日・明日」がわかるようになる

二歳児の特徴の一つに「昨日・今日・明日がわかるようになる」ということがあげられます。今起こっていることだけではなく、「昨日、公園に行った」「昨日、＊＊食べた」「明日、おばあちゃんちに行く」など、すでに起こったことやこれからすることをいろいろ話してくれるようになります。その際の「昨日」には数日前のことが含まれていたり、「明日」といっても明日ではない少し先のことが混じっていたりします。つまり、「昨日」とは過去のこと、すでに経験したこと・過ぎたことであり、「明日」とは未来のこと、まだ経験していないこと、これから経験すること全般を指していたりします。

もちろん、「昨日のこと」と「今日のこと」が混ざったり逆になったり、といったこともたくさん起こります。しかし、間違いがありながらも子どもたちは、「うれしかった」「びっくりした」「こわかった」など、心が動いた体験を中心に、起こったことを覚えておくことができるようになります。また、「楽しそうだな」と思えることを中心に、まだしていない・これからすることをことばで聞いて理解し、見通しとしてもっておくことができるようになります。このことは、「昨日・今日・明日」といった「時」を表すことばを覚えたということにとどまらず、記憶力が発達してきていること、時系列の感覚が育ってきていることとして大切なものです。

②昨日・今日・明日を知って生活の主体になる

二歳児という時期には、姿勢、全身運動が安定してくるとともに、手指で少しずつ細かな動きができるようになってきます。そうした身体の発達に加えて、「昨日・今日・明日」がわかるようになるということも、一人ひとりの子どもが生活の主人公になるうえで非常に重要なことです。それは生活に「期待と見通し」がもてるようになることだからです。昨日したことやその楽しさを覚えていて、「今日も＊＊してあそぼう」「○○ちゃんとあそぼう」と期待をもつことができたり、「＊＊のあとで〜しよう」など見通しをもって生活できることにつながっていくからです。「昨日・今日・明日」を軸に期待と見通しをもてるようになる時期だけに、二歳児の生活のあり方・過ごし方が重要になります。今のことだけでなく少し先のことも見通せるようになるので、家庭においても保育園においても、大まかな見通しのもてる生活の流れをつくることが大切です。

その際、「何時だから～」と実際の時間に沿って厳密に過ごさせるということではなく、「＊＊をしたら、そのあとは～しようね」といった声かけを受けながら、自分で流れをつかんでいけるようにすることが大切なのです。そのためには、家庭においても保育園においても、基本的な生活の流れを固定し、それを繰りかえすことで、子ども自身が理解・把握できるようにする必要があります。この繰りかえしによって「また今日もする」「明日も行きたい」という見通しや期待が生まれ、育っていくのです。

③ 身近なものへの関心と記憶力の発達

時の感覚が身についてくる二歳児は、身近なものへの関心が大変高まってくる時期でもあります。歩くことや走ることが安定し、行動範囲が広がっていくことで、子どものまわりには子どもの知的好奇心を刺激するものがたくさん現れます。特に、毎日使うもの、毎日出あう人から始まって、めずらしいものにも興味が生まれます。「これなあに？」「なんていう名前？」などとさかんにたずねてきます。子どもに「なんていう名前？」「どこから来たの？」などと聞かれた経験のある人も多いことと思います。子どもは、興味をもつ、たずねるということを繰りかえして、ことばと知識を増やしていきます。

二歳児は記憶力が急激に発達する時期でもあります。毎日体験することではなくても、少し前の、時間がたったことでも、「前の○○あるかな」などとよく覚えていて、驚かされることがよくあります。

たくさんのことばを覚えるということで、子どもには自分の感じたこと・思いをことばで伝えることのうれしさが育っていきます。子どもたちがやさしいことばやかわいいことばをたくさん聞かせてくれることで、忙しい子育てや保育のなかでホッとさせられることも多いのではないかと思います。その反面、獲得することばのなかには、おとなが考える「悪いことば」「使わせたくないことば」も混ざってきます。突然、「バカ」などと悪いことばをいって周囲のおとなや他児を驚かせてしまうこともしばしばです。

もちろん子どもは、悪意をもって相手を傷つけようと思って悪いことばを使っているわけではありません。おとなの会話やテレビなどで聞いたことばを覚えて使っているだけですが、音やリズムがおもしろかったり、自分がいったことに対する周囲のおとなの反応（驚いた表情や叱責）がおもしろかったりするため、おもしろがって繰りかえして使ってしまうのです。ただきつく叱責するだけではなく、そのことばはいわれた人にいやな思いを与えることや、どんなことばが互いに心地よいかを伝え、みんなが気持ちよくなれることばを使えるように、教え、援助していきます。

④「約束したこと」を大切にする

明日のことに期待をもてるようになり、おとなのことばをしっかり記憶できるようになってきた子どもは、「今度～しようね」という「約束」を本当によく覚えています。本当はすぐにしたいことでも、信頼できるおとなが「今度しようね」と言ってくれたことを支えに気持ちを収め、待つことができるのです。だからこそ、おとなが「約束」を忘れていたり、破ったりすると本当に怒り、悲しみます。おとなにとってはその場限りの約束で「どうせ忘れているだろう」と思うことでも、子どもは本当によく覚えているものです。

なぜならそれは単なることばではなく、期待と見通しそのものだからです。

家庭においても保育園においても、子どもの要求に応えられるときばかりではなく、それどころか「ちょっと待ってね」といわなければならないことのほうが多いくらいかもしれません。「待たせる」「気持ちを切りかえさせる」こと自体が悪いことなのではありません。子どもはそれも覚えていかなければならないのです。

だからといって、ただ「無理」「できない」というだけでは子どもの思いは満たされません。大切なのは、ただがまんさせるのではなく、「期待をもって待てる」ようにすることです。そのためには、忙しいなかでどの時間ならその思いに応えられるかを考え、可能な約束をすることも必要です。「＊＊が終わったら公園に行こうね」といえば、子どもは見通しと期待をもって待つことができます。それが直後のことではなく、明日のことであっても、です。記憶力の発達してきた子どもを適当にごまかすことはできません。逆に、きちんと話せば「今はできない」ことは理解できますし、次を期待してがまんして待つこともできるのです。

その際、「理由を話す」「次を約束する」といったひと手間を、「相手は子どもだから」とか、忙しさを理由にして省略しないことが大切です。たとえば、「今日は雨だからお外ではあそべないよ。明日晴れたらお外でお砂あそびしようか」と話すことで、子どもは「今日と明日」をつなげてとらえ、少し先にも思いをもつことができるのです。目の前のことに一生懸命で、まさに「今を生きている」のが子どもですが、同時に、おとなのことばを理解し、「わかって待つことができる」のも子どもなのです。

第五節 あそび

二歳児のあそびの代表として、ごっこあそびを取りあげます。近年、ごっこあそびがむずかしくなっているといわれます。核家族で、きょうだいも少なく、地域との結びつきも希薄になり、あそびの土台となる生活経験自体が乏しくなっていることが大きな要因だと思われます。

だからこそ逆に、ごっこあそびは大切なものだと思います。ここでは、二歳児がごっこあそびのなかで何を楽しみ、それをとおしてどう育つか、おとなはそれにどのようにかかわるかについて考えたいと思います。

ごっこあそびが楽しい理由

子どもはごっこあそびのなかで、お母さんになったり、運転手さんになったり、テレビのヒーローやヒロインになったりします。いずれも子どもにとって「なりたい」と思う憧れの対象であるという点が共通しています。宍戸健夫さんは『ごっこ・劇あそび・鬼ごっこ』（水曜社）のなかで、ごっこあそびは、虚構（フィクション）をつくってあそぶあそびであることを述べたうえで、子どもはなろうと思えばあそびのなかでなんにでもなれるということ、だからこそ、子どもの夢がごっことして実現されることを述べています。ごっこあそびは「なりたいものになれる」ことが楽しいあそびだといえます。

「なりたいものになれる」楽しさにはいろいろな要素が含まれています。それは、①先生、お医者さんなど「役になる楽しさ」、②注射をする、たこ焼きを焼くなど「行為をする楽しさ」、③フライパンなどの道具を「使う楽しさ」、④葉っぱをお皿、園庭を教室に「みたてる楽しさ」、⑤友だちや先生と「いっしょにする楽しさ」です。つまりごっこあそびには人物、行為、道具、ものや場所の設定、他者という多様な要素が含まれており、まさに楽しさの複合体だといえます。

ごっこあそびはなぜ大切？——想像する力・ことばの力・かかわる力が育つ

ごっこあそびは発達にとって大きな意義をもつあそびです。

第一にあげられるのは、知的な発達をうながすということです。二〜三歳という時期は、生活の拡大にともなって、経験したことをもとに、目の前に実物がなくても、頭のなかでいろいろなものを思い浮かべることができるようになり、イメージする力、想像する力が豊かになってきます。

想像する力は、生活現実とは違う世界を子どもたちにもたらします。ごっこあそびのなかでは、実際には二歳児の子どもであっても、お母さんやお店屋さんなど、現実に縛られることなくいろいろなものになれて、現実から解放された世界、うそっこの世界をもつことができます。この「現実に縛られない世界」をもつことは、その後に抽象的に思考する力へとつながっていく重要なものなのです。

第二に、他者と共有の世界をもち、やりとりを楽しむことで、ことばの力やかかわりの力が育つということです。みたてや行為が他者に共有され、そこにやりとりが生まれます。ごっこあそびは、ことばを媒介にして他者とイメージを共有する楽しさを子どもに与えてくれます。自分のなりたいものになって楽しくあそびながら、誰かの一つの行動がきっかけとなってそれが他児につながり、共有の世界を楽しむことが大切なのです。

やりとりを楽しむなかで、ときとしてイメージや思いが衝突したりすることもあります。まだ自分の思いが強く、他者の思いを十分に受けとめられないので、「○○じゃない！」ときつくいってしまったり、それで泣いてしまったりというトラブルも起こります。こうしたぶつかりあいは、他者をくぐって自分をつくっていくという意味で、子どもにとって自我の形成へとつながる大切なことでもあるのです。

第三に、ごっこあそびは、行動の見通し、自己コントロール、意志力の形成をうながすということです。憧れの対象になったつもりで楽しむといっても、ある程度の「それらしさ」が必要となります。先生が先生らしくふるまってくれないと学校ごっこにはならないし、お店屋さんが「いらっしゃいませ～」といい、お客さんが「これください」と返さなければ、お店屋さんごっこは成り立たないからです。子どもは経験をもとにその役をイメージし、そのイメージにふさわしい行動をとろうとします。この経験が、行動の見通し、自己コントロール、意志力を育てるのです。

ごっこあそびをどう進めるか——保育者もいっしょに楽しむために

「ごっこあそびが大切だとはわかっているけど、むずかしくて……」「苦手で」などの声をよく聞くようになりました。ごっこあそびを保育者もいっしょに楽しむために、何を大切にしたらいいかについて考えます。

第一に大切なのは、子どもが何を楽しんでいるかへの共感だと考えます。人物になって楽しむのも、道具を使うこと自体が楽しいのも、友だちといっしょにするのが楽しいのもみんなごっこあそびの楽しみ方です。まずは子どもが何を楽しんでいるか、そのイメージに寄りそい、共感するところから始まります。二歳児にとって、大好きなおとなが自分のイメージに共感してくれる喜びはとても大きいのです。共感してもらえた経験が他児のイメージも受けいれられることにつながり、イメージの共有ややりとりにつながるのです。

第二にあげたいのは、子どものイメージを引きだしたり、それを具体化するような道具や環境の整備です。ごっこあそびをする際に、ただたくさんのおもちゃや道具があればいいというわけではありません。大切なのは、そのおもちゃや道具が子どものイメージを引きだし、子どもをあそびに誘うものであるかどうかです。子どもを「その気」にさせる、違う世界に誘う道具が最低限あればいいのです。

ごっこあそびをするからといって、道具を一式そろえないと始められないわけではありません。子どもはエプロン一枚でお母さんになれるし、お皿にのったおもちゃ一つでお店屋さんにもなれるのです。子どもの生活経験からイメージがわきやすい道具を準備しておくことで、子どもはその役割や行動を楽しむことができるのです。

第三に、展開は子どもとつくる、という気持ちでいっしょに参加することです。ごっこあそびをむずかしく考えてしまう保育者のなかには、自分がすべて決めておき、そのとおりにさせないといけないと考えてしまう人がいます。その考えを少し緩めて、子どもといっしょに決める・つくるという発想に立つと、ごっこあそびはもっと楽しく、いきいきとしたものになります。あそんでいるなかから子どもには「次はこうしたい」「こうしてみよう」というイメージや思いが生まれてきます。その思いに寄りそい、つぶやきに耳を傾け、発想を形にする手伝いをするのがおとなの役割なのです。ごっこあそびを「させる」ではなく、「いっしょにする」と考えると、次はどんな展開やストーリーになるのか、いっしょにドキドキしながらつくっていくことができるのです。

第四に、子どもと子どもをつなぐ役割を果たすことです。子どもは保育者が大好きなので、まずは保育者にかかわりを求めます。コップに入れた泥水を「はいどうぞ」とまずは保育者に持ってきてくれます。それを「おいしいね」「このジュースは甘いね」などと応えながら、子どもとイメージを共有していきます。それから「このジュースすごくおいしいから○○ちゃんにもあげようか」などと声をかけ、他児にも働きかけられるように仲立ちし、子ども同士がイメージを共有してあそぶことができるように援助します。無理にかかわらせようとするのではなく、楽しいやりとりを他児にも広げる援助をするのです。

ごっこあそびの土台となる経験を豊かに

ごっこあそびを豊かなものにするには、その土台となる経験を豊かにすることが重要です。子どもたちの生活経験が乏しくなっていますし、家庭生活も多様化し、みんなでままごとあそびをすることもむずかしくなりました。だからこそ、経験自体を豊かにすることで、ごっこあそびの土台づくりもしていかなければなりません。

幸い集団保育の場はいっしょに生活する時間も長く、同じことをいっしょにする「経験の共有」がつくりやすい場です。絵本をとおしての虚構経験の共有もできます。その利点を生かして、再現してみたいと思える共有経験を意図的に提供すること、絵本をとおして、子どもたちみんなが心を寄せられる対象と出あわせることなどが必要になります。家庭や地域で経験しにくくなった異年齢のかかわりを、ごっこあそびをとおして経験することも、現在においては必要なことかもしれません。生活経験や虚構経験を豊かにし、それをごっこあそびのなかでもう一度楽しむ経験を、二歳児の子どもたちに十分に保障したいと思います。

第六節 他者との関係

「やってみたい」「やってあげたい」気持ちを大切にした生活を送り、楽しいあそびを十分するなかで、二歳児は他児に対する関心が生まれ、かかわりが始まります。かかわりといっても、最初は一方的であったり、うまく伝わらなくてトラブルになったりします。トラブルにともなうケガなども、まだまだおとなが気をつけて見守らなければならない年齢です。ここでは、二歳児のトラブルのなかに見られる「他児に対する関心とかかわりたい気持ち」について述べながら、子ども同士の関係を育てるには何が大切かを考えます。

「対等な関係」の大切さ

白石恵理子さんは、『シリーズ　子どもと保育　2歳児』（かもがわ出版）のなかで、子どもの発達に必要ななかま関係には三つあり、それは「あこがれの心を感じられる関係」「自分が導き手になる関係」「対等な関係」であると述べています。なかでも基本となる関係は、最後にあげた対等な関係であり、いっしょのあそびのなかで楽しさを分かちあうことの大切さを述べています。

すべての年齢にとって対等な関係は重要ですが、二歳児においてそれがなぜ大切かといえば、一歳児でめばえた自我が広がるときであり、その際には自分とは違う存在が不可欠だからです。つまり、自分とは違う存在に出あい、思いがすれ違ったり、衝突したりすることを経験して、自分と他者を知っていくのです。

対等な関係が大切だからといって、それは子ども同士がただ近くにいれば自然にできてくるものではありません。先に、二歳児の「自分でしたい」気持ちを大切にしておとながかかわり、方向づけていくことで、友だちの存在を意識するようになることを述べました。二歳児が他児に関心をもち、自分からかかわっていこうとするのは、「見守ってくれる他者」としてのおとなを感じることができるからであり、おとなに対する信頼が、まわりに目を向け、一歩踏みだす原動力になるのです。

特定の仲よしができる

二歳児になると、いっしょにあそぶことをとおして二〜三人程度の特定の仲よしができてきます。登園してきたらすぐその子の姿を探し、「あそぼう!」と誘いかけたり、散歩で手をつなぎたがったり、その子がまだ残っているから保護者がお迎えに来ていても帰りたくないといって駄々をこねたりします。

保護者のなかには「友だちがたくさんいる」ことを大切に考え、いつも二〜三人の同じメンバーであそんでいる姿を見ると、「友だち関係が狭いのでは?」「いろいろな友だちとかかわれなくなるのでは?」と不安になる方もおられます。

確かに、いろいろな他者とかかわれるようになること、たくさんのお友だちといっしょにあそべることは大切なことだと思います。しかしそれは、一足飛びにできるようになることではなく、二歳児でできるようにならなければならないことでもありません。それよりも、たくさんいるお友だちのなかで「○○ちゃん大好き」「いっしょにあそびたい」と思える友だちができたことのほうを大切にし、そのうれしさをいっしょに喜んであげられることが必要だと考えます。この二~三人の仲よし友だちが土台となって、五~六人のグループでの活動、二〇~三〇人のクラスでの活動ができるようになっていくのです。

関心の表れとしての「まねっこ」

二歳児の子どもたちはまねっこが大好きです。散歩で出あったカエルやカラスなど小動物のまねをして楽しむようになります。まねが始まったということは、周囲のものに関心が生まれてきたこと、カエルならピョンと跳ぶ、ザリガニならはさみがあるなど、その特徴をつかみ、まねることができるようになったことを指しており、知的発達の観点からも重要なことです。

子どもがまねをする対象は小動物などに限定されません。子ども同士でまねっこをして楽しむようになります。まねっこは他児への関心が生まれていることも示しています。お友だちのやっていることに目が向き、憧れが生まれ、自分もやってみたいという思いが生まれてまねっこが始まります。そして、まねっこをしながら友だちと共感関係をつくっていくのです。

ぶつかりあいから かかわり方を学ぶ

子ども同士のかかわろうとする気持ちが高まるにつれて、さまざまなトラブルも起こりやすくなります。だからどうしてもおとなはそのトラブルを恐れて、離そうとしたり、早く収めようとしたりしがちです。しかしこの二歳児のトラブルは、かかわりを学ぶ大切な機会であるという点に注意しなければなりません。いいかえれば、二歳児の子ども同士の関係は、三歳児で「いっしょにいたら楽しい」「いっしょに〜したら楽しい」と思えるような子ども同士のかかわりをつくるうえで、重要な土台なのです。

たとえば、他児への関心があって「やってあげたい気持ち」はあるのに、ふさわしくない行為（頭を強くなですぎてしまう、強く手を引っぱりすぎるなど）で泣かせてしまったり、自分でやろうと思っている子から「イヤ！」「やめて！」といわれてしまうことなどはよく見られる姿です。その際おとなは、結果や行為の不十分さだけを見て、「何してるの？」「ダメでしょ！」といってしまいがちですが、それではせっかく生まれた友だちへの関心は否定され、かかわりも豊かになっていきません。

ここで大切なのは、他児への関心の広がりを大切にしながら、ふさわしい行動のしかたを見せて教えていくことです。先ほどの例なら、「Aちゃんは B ちゃんが困ってると思って助けてあげようとしたんだよね」「泣いてるからヨシヨシしてあげようとしたんだね」など、ことばを添え、代弁しながら、伝えあうことを知らせ、「今度は、どうしたのって聞いてみようね」など、ふさわしいかかわり方を知らせていく必要があります。また逆に、「Bちゃんは自分でしたいって思ったから、やめて！っていったんだよ」など、相手の思いも伝えて、かかわりあいを仲立ちしていきます。トラブルを、かかわりを学ぶ機会ととらえ、ていねいに指導しながら、かかわること・かかわられることが、楽しい・うれしいという関係へと育てていくことが求められるのです。

認めあえる場をあそびのなかでつくる

章の最後に、子どもが他者に関心をもち、認める機会をあそびのなかでどのようにつくるかについて述べたいと思います。

あそびをとおして子ども同士の関係が豊かになるには、共通の体験をするということが重要です。二歳児はまだ自分の経験したことをことばで十分に表現できないし、またことばだけでイメージする力もまだ十分ではないので、他児の経験に対して共感することはまだむずかしい年齢です。だからこそ、「同じ経験」をすることで、子ども同士に共感が生まれやすくなります。

あそびのもう一つの意義は、多様性や違いが許されるということです。子どもの発達にとって対等な関係が重要であると述べましたが、二歳児はまだまだ月齢差の大きい年齢です。圧倒的な月齢差のあるなかでは、完全に対等なぶつかりあいばかりではないのが現実です。できる・できないがはっきりしていたり、相手にしてもらえなかったり、一方的になったり、片方が悪いようになったりしがちです。それゆえ、月齢差の出やすい生活のなかだけで認めあいをつくろうとすると、どうしても無理が出てきます。

そんなときに重要な役割を果たすのがあそびのなかでの認めあいです。たとえば、二歳児の大好きなまねっこや表現のときなどは、みんなでいろいろなものになって、月齢の低い子どもの表現が「自分とは違うけどおもしろい」と他児に認められやすい絶好の機会になります。あそびはいろいろな発想ややり方が許されますし、どれが正しくどれが間違っているということではないので、月齢の低い子どもや認識面で少しゆっくり発達している子どもでも、個々のよさが他児と認めあえる場となりやすいといえます。こうした機会をつくり、あそびをとおして他児と共感できる体験を大切にしながら、「みんなであそぶと楽しい」という実感を育て、かかわりを豊かにしていくのです。

第四章

乳児保育における保育者の役割

二歳児が「やってみたい」「やってあげたい」年齢であることはすでに述べました。ただ、思いはあっても「ふさわしい方法」がとれるというところまではまだ届いてはいません。逆にいえば、やってみながら、「何がふさわしいか」「いいことなのか」を身につけている途中だといえます。

だからこそ、ゼロ～二歳児においては、思いを大切にしながら「できることの喜び」を実感させるおとなのかかわりが大切です。子どもたちは周囲のおとなの姿や行動を見て、それをまねしながら行動のしかたを身につけていくのです。

最後に、子どもたちが自分で何かをしようとしたり、他児とかかわろうとする際の行動のモデルとしての保育者の役割と、評価しながら方向づけることの大切さについて考えます。

二歳児における保育者の役割

(一)「してもらうことのうれしさ」を実感させる

一つめは、子どもたちに「してもらえたことのうれしさ」を実感させる役割です。二歳児が「やってみたい」「やってあげたい」年齢であるといっても、その思いを生みだすきっかけが必要です。それは、周囲のおとなから働きかけてもらって「うれしい」と感じた肯定的経験です。悲しいことがあったとき、それに気づいてもらい、「どうしたの?」「大丈夫?」と声をかけてもらったり、できないで困っているときに手伝ってもらったりすることで、子どもは、安心できた、悲しい気持ちがなくなった、できたという経験をして、他者から働きかけてもらうことのうれしさを実感します。

こうした「してもらったうれしさ」が「やってあげたい気持ち」につながっていきます。「うれしい」気持ちに共感しながら、その気持ちを次の意欲（やってみたい）や他児への関心や思いやりの気持ち（やってあげたい）につなげるような援助をします。おとなは、自分の働きかけが二歳児の子どもにとって他者にかかわる原動力になることを意識して、受容的に、ていねいに対応することが求められているのです。

（二）ことばだけでなく、保育者がやってみせる

二つめは、見てまねをすることのできるモデル（見本）としての役割です。子どもは親に似る、あるいは担任に似るといいますが、それはおとなの行為が子どもたちの行動のモデル（見本）となっているからです。おとなの行動をまねしながら子どもはさまざまな行動のしかたを覚えていくのです。

まねの原動力は「憧れ」です。ふだんの自分ではできないことや、やらせてもらえないものへの憧れがまねにつながります。二歳児の子どもにとって、自分より大きなお兄ちゃんお姉ちゃんの行動も大きな憧れの対象ですが、何よりも憧れをもつのはおとなに対して

です。おとなの行動は、二歳児にはどんなものも魅力的に映ります。たとえおとなにとっては毎日繰りかえされる「ふつうの」行動であっても、子どもにとっては、「おもしろそう」であったり、「かっこいい」ものなのです。

二歳児の子どもは、「やってみたい」「やってあげたい」という気持ちがあっても、間違った方法で行って、せっかくの思いが相手に拒否されてしまうことがあります。また、わからないことでとまどい、その思いをあきらめてしまう場合もあるでしょう。そのようなときおとなは、ことばで「〜してごらん」というだけでなく、こういうふうにするといいということを、自らやって見せることが大切になります。

たとえば、「ちゃんと片づけてね」というのではなく、「先生はこれをここにしまうね。○○ちゃんはここにこんなふうにそろえて入れてみようね」といったり、「やさしく教えてあげてね」というのではなく、「○○ちゃんどうしたの?っていっしょに聞いてみようね」とたずねるようすを見せたりします。

まねをしてやってみたらできた、お友だちが「ありがとう」っていってくれたという経験をとおして子どもは、「このやり方でよかったんだ」と知り、「次もこうすればいいんだ」と安心します。それが次の行動につながっていくのです。

(三)「これでよかった」と子どもが確信をもつこと

三つめは、評価する役割です。子どもが、おとなをモデルに、そのまねをして行動のしかたを獲得するとはいっても、「させっぱなし」では定着しません。まねが自分の行動になるためには、評価が欠かせません。日常的なことばでいえば、ほめることが大切だということです。

「評価」「ほめることの大切さ」というと、見返りを期待した行動、ほめられるための行動になるのではと考えてしまったり、「～買ってあげるからがんばろうね」といった、もので子どもの気持ちを釣るようなことに聞こえて不快感をもつ方がいらっしゃるかもしれませんが、もちろんそういうことではありません。ここで述べたいのは、おとなからの評価は、子どもに行動の価値を教えるものであり、決して、機嫌をとったり、おだてておとなのいうことを聞かせようとするものではないということです。「手伝ってくれてありがとう」「きれいになって気持ちいいね」などという評価は、子どものとった行動を肯定し、認めるとともに、「手伝いをしようとするのはすばらしいことだよ」「片づけるとみんな気持ちがいいね」ということを教えているのです。

確かに、子どもはほめられることが大好きですし、ほめられると張りきっていろいろなことをがんばってくれます。しかし、「ほめたらやってくれる」と考えて、評価を子どもを動かす手段として操作主義的に用いるのは間違いです。あくまで評価は「正しさへの方向づけ」です。ほめられたことで、「（お父さん、お母さん、先生は）自分を見ていてくれたんだ」と知り、「自分のしたことはこれでよかったんだ」と確信がもてることが大切なのです。子どもをおとなの都合に合わせて「じょうずに」動かそうとするような、意義を履き違えた評価ではなく、子どもが望ましい方向に確信や自信をもって進んでいけるように方向づけることのできるおとなでありたいと思います。

(四) 受けとめながら、よりよいものにするかかわり

四つめの役割は、子どもの行動をよりよいものへと導いていく役割です。先に述べた「評価して確信をもたせ、定着させる」働きとは裏表の関係にあります。子どもの行動が望ましいときには評価の役割が、望ましくなかったり、うまくいかなかった場合には修正する役割が発揮される必要があるということです。

やってみたい、やってあげたい気持ちはあっても、まだまだ方法的には未熟な面をもった二歳児ですから、やってみても失敗したり、思いがぶつかってトラブルになったりすることもしばしばです。失敗しても気持ちを切りかえてもう一度がんばることや、トラブルを自分たちで解決していくことは、幼児期に獲得させたいものではありますが、二歳児の間にすべて達成できるわけではありません。もっとあとになってそれが確実にできるようになるうえで、二歳児の間は、おとなの仲立ちを受けながら、思いを出しておとなといっしょに解決するということを大切にします。

そこでのおとなの役割は、「自分でやってみようとしてえらかったね」「お友だちに教えてあげようとしたんだね」と結果のいかんにかかわらず、やろうとしたことをまず受容することです。受容することで、「もうしたくない」「自分はできない」という否定的な感情や自己像が強くなることを防ぎ、意欲が低下しないように援助します。そのうえで、「こんなふうにしたらできるよ」「今度はこんなふうにいってみたら?」など、思ったことが

かなうように行動を修正していきます。その際、「＊＊だからダメ！　こうしなさい」「できないから教える」という方向ではなく、今やろうとしていること、やってみたことをもとに、それをよりよいものにするという形でのかかわりが重要です。生まれはじめた自我を大切にし、できたという体験・実感を大切にしてかかわるために、この「受容しながら修正する」という役割が大切なのです。

以上、おとなの役割を四点にわたって述べてきました。この役割は、二歳児だけに必要なものではなく、あらゆる年齢の子育て・保育において大切なものです。しかし、特に二歳児においては、自分でしたい気持ちが高まり、友だちの存在を意識するようになる時期だからこそ、生まれた気持ちや行った行動に対しておとながどのようにかかわり、方向づけていくかが重要なのです。

保護者と「大切にしたいこと」を共有する

ここまで、子どもに対する働きかけのあり方をとおして保育者の役割を考えてきましたが、それに加えて、乳児保育に携わる保育者の重要な役割として、保護者への支援を抜きに考えることはできません。乳児の保護者は、慣れない子育てと就労・生活との両立にがんばっています。なかでも、はじめての子育ての場合には、悩みも多いでしょうし、相談相手も少ないかもしれません。だからこそ、保育園・保育者は悩みが相談できたり、解決されたりする場や存在である必要があります。

その際、保護者の悩みに対していねいに耳を傾け、いっしょに考える親身な態度が大切であることはいうまでもありませんが、それとともに、子育てに見通しがもてるような支援が重要だと考えます。子育てに少しでも見通しをもつことができれば、あせることや必要以上に子どもに高い要求をすることも少なくなるかもしれません。見通しといっても、「＊＊であるべき」と伝えるだけでは逆に保護者を追い詰めることになります。そうではなくて、「大切にしたいこと」の共有が大切なのです。たとえば、「この時期は、こんなことが起こりやすいので、こんなことを大切にしながら見守っていきましょう」というかかわり方や支援が重要だといえます。

保育者は、保護者との間で、「今日、こんなことがありました」と子どもの「今」について情報を共有していくと同時に、少し先で大切にしたいことも共有しながら、今を大切に見守っていく関係づくりに取りくむ役割があるのです。

担任間の連携について

さらに、こうした役割を十分に果たすためには担任間の連携が不可欠です。担任間で子どものとらえ方が違っていたり、対応が違っていたりすると、子どもがとまどうだけでなく、保護者にも不安や不信感を感じさせてしまいます。

多忙化する一方の保育現場において、「子どものことを話す時間がない」というのは共通した悩みかと思います。しかし、子どもたちの生命と健康を護り、情緒の安定を図り、すこやかな発達を保障するには、担任間の連携が不可欠なのです。短時間でも日常的に相談できる時間をつくるとともに、計画の作成や総括の機会に子どもや行動のとらえ方、対応のあり方、保護者への支援について話しあうことが重要です。

そのためには、複数担任の乳児クラスで話しあう時間が取れるような体制づくり（必要なときにほかの保育者が保育に入り、担任同士が話す時間を保障するなど）も園全体で考える必要があります。乳児クラスの担任が相談・連携しながら保育を進められるようになることで、子どもたちは安定した気持ちで園生活を送ることができ、保護者に安心感も生まれます。このことは、ひいては園全体の落ち着いた生活・保護者との信頼関係にもつながります。限られた時間でも、ほかの保育者の力も借りながら、各クラスで話しあいの時間をつくりだすようにくふうしてほしいと思います。

乳児期の発達と生活・あそび

2014年６月10日　初版第１刷発行
2023年９月10日　　　　第10刷発行

著者――――長瀬美子

発行――――ちいさいなかま社
〒162-0837 東京都新宿区納戸町26-3
TEL 03-6265-3172（代）
FAX 03-6265-3230
URL https://www.hoiku-zenhoren.org/

発売――――ひとなる書房
〒113-0033 東京都文京区本郷2-17-13広和レジデンス101
TEL 03-3811-1372
FAX 03-3811-1383
Email:hitonaru@alles.or.jp

印刷所――――光陽メディア

ISBN978-4-89464-207-2 C3037

写真協力――――島根・おおつ保育園
岩手・わかば保育園
大阪・麦の子保育園
栃木・陽だまり保育園

ブックデザイン――阿部美智（オフィスあみ）